Edda Meyer-Berkhout
»Arme Ritter« und »Errötende Jungfrauen«

»Arme Ritter« und »Errötende Jungfrauen«

Über 100 Rezepte mit köstlichen Namen
von Edda Meyer-Berkhout mit
Illustrationen von Kerrin von Carnap

Südwest Verlag München

*Der Backofen muß, wenn es nicht ausdrücklich anders erwähnt wird,
grundsätzlich immer vorgeheizt werden.
Die Backtemperaturen müssen auf den jeweiligen Herdtyp und das Herd-
fabrikat individuell abgestimmt werden.*

EL   = Eßlöffel
TL   = Teelöffel
Msp. = Messerspitze
In der Regel sind die Zutatenmengen für 4 Personen berechnet.

*Bei der Suche nach den »köstlichen
Erklärungen« half Hans Pleschinski.*

ISBN 3-517-00820-6
© 1984 by Südwest Verlag GmbH & Co. KG, München
Alle Rechte vorbehalten
Printed in Germany
Schutzumschlag: Design Team, München
Satz: Fotosatz Otto Gutfreund, Darmstadt
Druck und Bindung: Kösel, Kempten

Inhaltsverzeichnis

Manche Rezepte sind auch unter anderen Namen bekannt.
Siehe dazu das Stichwortverzeichnis am Ende des Buches.

Was dieses Buch will

Mit dieser Sammlung von Rezepten mit köstlichen Namen soll Hausfrauen und allen kulinarisch Interessierten die vergnügliche Tradition in der Küche bewußt gemacht werden. Dies ist nämlich nicht nur ein Kochbuch, sondern auch ein Lesebuch, das vielleicht einigen Kochmuffeln zeigen kann, daß Humor und Spaß auch in der Küche ihren Platz haben können, ja sogar zum guten Gelingen beitragen. Woher haben *die armen Ritter* ihren lustigen Namen? Wieso heißen *Bärentatzen* auch *Hahnenkämme?* Was bedeuten Bezeichnungen wie *Baumwollsuppe, Laubfrösche,* *Katzenzungen, Mohrenköpfe, Pfaffenhütchen* oder gar *Engel zu Pferde?*
Wir sind diesen und mehr als hundert weiteren Bezeichnungen auf den Grund gegangen und haben dabei so manche komische Geschichte entdeckt. Doch mit Geschichten allein läßt's sich schlecht kochen – und so geben wir natürlich auch die dazugehörenden Rezepte zum Nachbacken, Kochen und Braten. Möge die Heiterkeit, die aus den Rezepten und den Zeichnungen spricht, Sie bei Ihrer Wahl für die nächste Gästebewirtung beflügeln!

Menschlich – allzu menschlich

Amerikaner

100 g Margarine	mit
100 g Zucker,	
1 Beutel Vanillinzucker,	
2 Eiern,	
1 Prise Salz	und
3 EL Mehl	am besten mit dem Elektroquirl schaumig rühren.
250 g Mehl	mit
1 Beutel Vanille-Puddingpulver	und
3 gestr. TL Backpulver	mischen, sieben und zum Teig fügen. Backblech einfetten. Mit dem Eßlöffel große Portionen von etwa 5 cm Durchmesser auf das Backblech setzen, dabei genügend Abstand halten. Nach 10 Minuten Backzeit die Oberfläche mit
Milch	bestreichen.
100 g Puderzucker	mit
1–2 EL heißem Wasser	verrühren. Die Hälfte vom Guß mit
1 EL Kakao	dunkel färben. Das fertige erkaltete Gebäck auf der Unterseite halb weiß, halb schwarz bepinseln. Elektro 200 °C Gas Stufe 3, mittlere Schiene Backzeit 15–20 Minuten

Die unterschiedliche Färbung des Zuckergusses, zur Hälfte weiß, zur anderen schwarz, ist symbolisch gedacht für die gemischte Bevölkerung der Vereinigten Staaten. Neuerdings wird leider aus Rationalisierungsgründen oft auf die schwarze Färbung verzichtet.

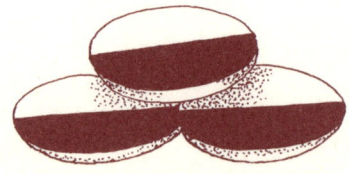

Aposteltorte

180 g Mehl	auf die Arbeitsplatte sieben.
75 g Zucker,	
150 g geschälte geriebene Mandeln,	
75 g Paniermehl	und
2 EL Rum	daraufgeben.
150 g Butter	in Flöckchen darüber verteilen.
1 Prise Salz	und
1 Beutel Vanillinzucker	darüberstreuen.

Die Zutaten rasch zum Mürbteig verhacken
und verkneten. Auf bemehlter Unterlage ausrollen. Drei runde Böden ausschneiden und abbacken.

125 g getrocknete Aprikosen	und
125 g getrocknete Äpfel	in
Wasser	einweichen, garen und abtropfen lassen.

Im Mixer mit

50 g Orangeat,	
50 g Sultaninen,	
2 EL Rum,	
1 EL Zitronensaft	und
etwas feingeriebener ungespritzter	
Zitronenschale	zerkleinern und abschmecken.

Die Masse zwischen die erkalteten Böden streichen.

200 g Puderzucker	und
2–3 EL Rum	zum Zuckerguß rühren und die Torte damit

überziehen.
Elektro 180 °C
Gas Stufe 2½, mittlere Schiene
Backzeit ca. 15 Minuten

Alle Gerichte, deren Bezeichnung mit Aposteln in Verbindung gebracht werden, haben
etwas mit Mildtätigkeit zu tun. Früher wurden am Gründonnerstag in Marburg 12 arme
Menschen, die symbolisch die 12 Apostel vertraten, mit Apostelbackwerk beschenkt.
Am gleichen Tag aß man in einigen Orten an der Maas die mit 12 Kräutern gewürzte
Apostelsuppe.

11

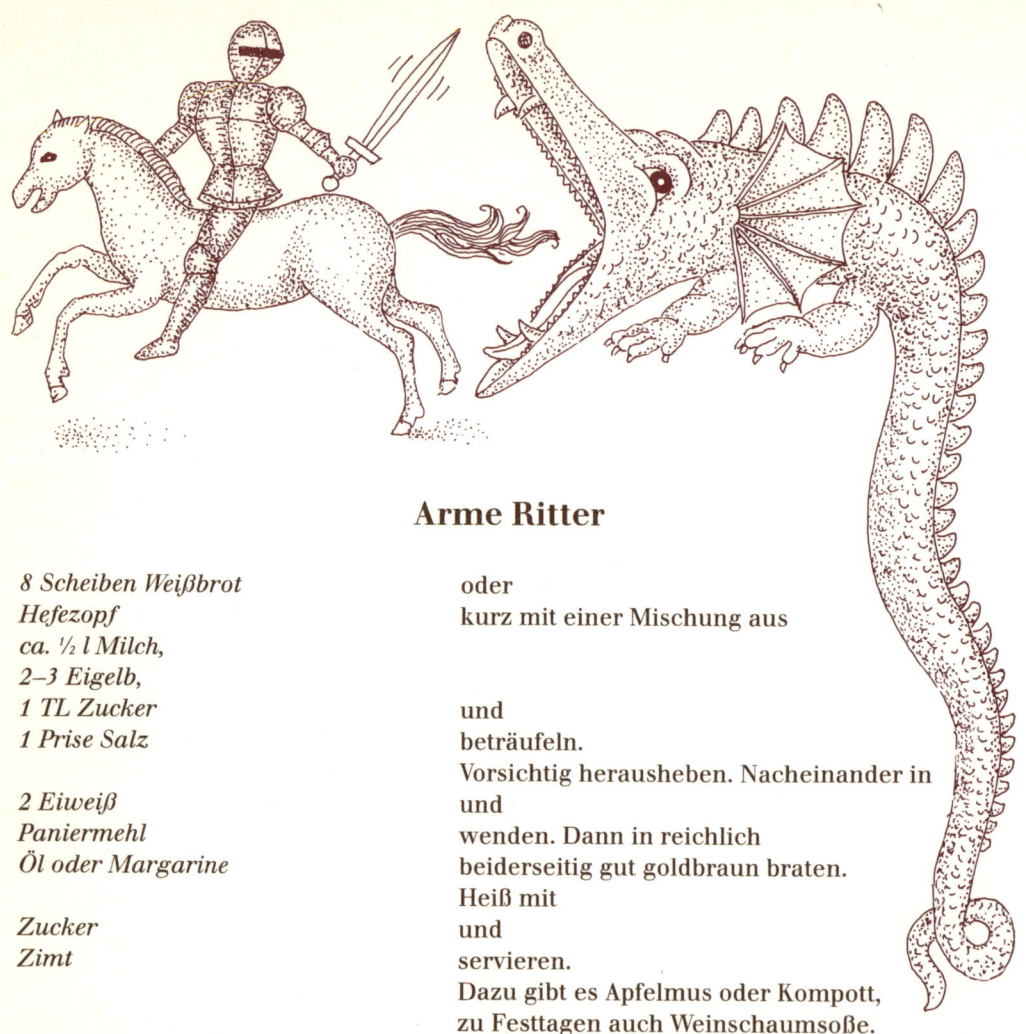

Arme Ritter

8 Scheiben Weißbrot oder
Hefezopf kurz mit einer Mischung aus
ca. ½ l Milch,
2–3 Eigelb,
1 TL Zucker und
1 Prise Salz beträufeln.
Vorsichtig herausheben. Nacheinander in
2 Eiweiß und
Paniermehl wenden. Dann in reichlich
Öl oder Margarine beiderseitig gut goldbraun braten.
Heiß mit
Zucker und
Zimt servieren.
Dazu gibt es Apfelmus oder Kompott,
zu Festtagen auch Weinschaumsoße.

Arme Ritter werden schon Mitte des 14. Jahrhunderts als Essen armer Leute genannt.
Im übertragenen Sinn heißt »Arme Ritter backen« soviel wie dürftig leben.
Arme Ritter tauchen auch unter dem Namen *Karthäuserklöße, Pofesen* oder *Bavesen* in
alten Kochbüchern auf. Wenn sie mit einer klaren würzigen Rotweinsoße übergossen
werden, nennen die Tiroler sie *Versoffene Jungfrauen*. Wenn die Armen Ritter aus
länglich geformten Brötchen, die der Länge nach geteilt wurden, zubereitet werden,
heißen sie *Blinde Fische*.

Ausgezogene

500 g Mehl	in eine Schüssel geben. In die Mitte eine Vertiefung drücken.
30 g Hefe	hineinbröckeln und mit
1 TL Zucker	und einem Teil von
¼ l lauwarmer Milch	verrühren. Nach 10 Minuten die restliche Milch und
2 Eier,	
4 EL Zucker,	
1 Prise Salz	und
etwas feingeriebene ungespritzte	
Zitronenschale	sowie
3 EL Öl	zum glatten Hefeteig verrühren.

Den Teig gut durchkneten, 5 cm große Kugeln formen. Auf bemehltem Backblech 20 Minuten gehen lassen. Die lockeren Kugeln von der Mitte her nach den Rändern hin mit bemehlten Händen so dünn ausziehen, daß die Mitte durchscheinend wird. Sie darf aber nicht reißen.

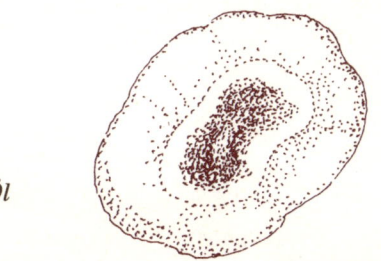

Öl auf 180 °C erhitzen und die Ausgezogenen nach und nach beiderseitig in je 3 Minuten goldbraun backen. Abtropfen lassen, dann in

grobem Zucker wälzen.

Ausgezogene – gelegentlich auch *Knieküchle* genannt, weil der Teig früher übers Knie gezogen wurde – sind nach ihrer Herkunft auch als bayerische Küchle bekannt, ein auf Volksfesten populäres traditionelles Gebäck, das den Alkohol verseifen hilft.

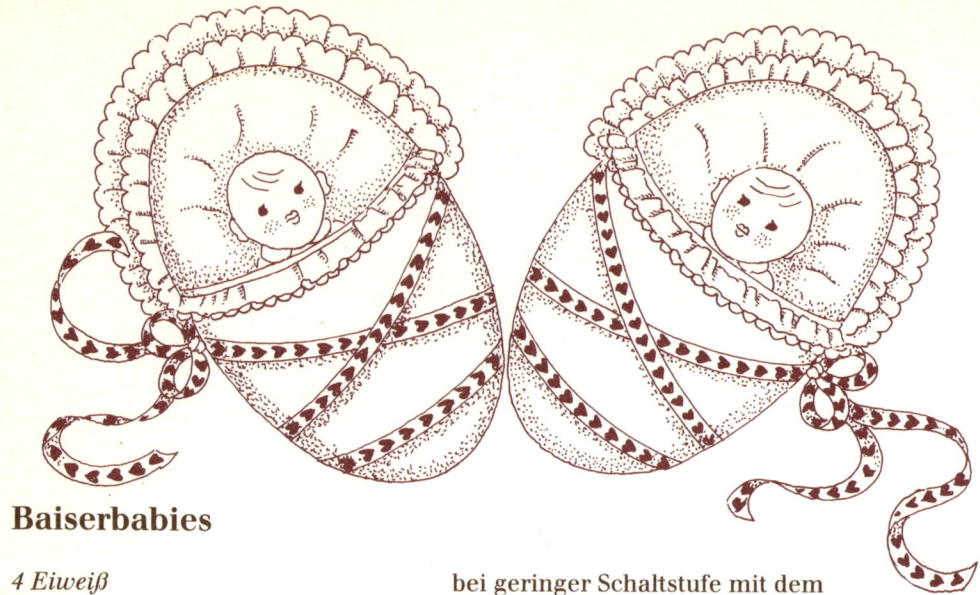

Baiserbabies

4 Eiweiß
bei geringer Schaltstufe mit dem Elektroquirl steif schlagen. Unter ständigem Schlagen langsam

100 g feinen Zucker
einrieseln lassen.
Den Elektroquirl aus der Schüssel herausnehmen.

75 g Puderzucker
1 EL Speisestärke
mit
vermischen, über den Schüsselinhalt sieben und mit einem Eßlöffel vorsichtig unter die Eiweißmasse heben.

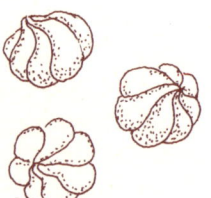

Die Masse in einen Spritzbeutel mit großer Sterntülle füllen und Tupfen auf ein mit Blechreinpapier belegtes Backblech spritzen.
Während des Trocknens im Backofen unbedingt die Tür des Herdes durch einen dazwischen geklemmten Kochlöffelstiel einen Spalt offen lassen.
Elektro 100°C
Gas knapp Stufe 1, oberste Schiene
Backzeit ca. 3 Stunden

Diese Baiserbabies sind ideal zum Garnieren von Schokoladen- oder Karamelpudding, Rote Grütze und anderen Süßspeisen. Wenn Sie keinen Spritzbeutel besitzen, können Sie die Masse auch einfach mit einem Löffel auf das Papier setzen. Mit dunklem Kakao oder Instantkaffee kann das Rezept geschmacklich variiert werden.
Baisers, in Frankreich werden sie immer »des méringues« = Meringen genannt, wurden 1720 vom Schweizer Casparini erfunden und nach dem oberbayerischen Flecken Mering benannt. Marie-Antoinette war eine große Meringen-Liebhaberin.

Bauchstecher

750 g mehlige Kartoffeln

geschält wiegen und am besten mit Hilfe einer Küchenmaschine direkt im Wasser reiben.
Durch ein Tuch gut auspressen. Die abgesetzte Stärke des Kartoffelwassers wieder beifügen.

750 g mehlige Kartoffeln

waschen, schälen, vierteln, dämpfen, noch heiß zu den übrigen Kartoffeln pressen.

125–150 g Mehl,
gut 1 gestr. TL Salz
feingeriebene Muskatnuß

und

dazugeben. Alle Zutaten zum glatten Teig vermengen.
Eine große Rolle formen, diese oben etwas flach drücken, dann in fingerbreite Scheiben schneiden. Auf bemehlter Unterlage zu fingergroßen, an den Enden spitz zulaufenden Nudeln formen.
Portionsweise in reichlich Salzwasser in ca. 15 Minuten leise gar ziehen lassen. Gut abtropfen lassen.

60–80 g Margarine

in einer kunststoffbeschichteten Pfanne erhitzen, unter gelegentlichem Schütteln die Bauchstecher darin rundherum braun rösten.
Statt die Bauchstecher in der Pfanne aufzuwärmen, können Sie sie auch in eine große Auflaufform schichten und mit einer Mischung von

⅛ l Milch
2 Eiern
Salz

und

sowie etwas

übergießen und im Ofen backen.

Die aus Franken gebürtigen Bauchstecher werden von den Schwaben, ähnlich zubereitet, etwas schamlos *Bubenspitzle* genannt.
Wenn man vom allzu üppigen Genuß von Bauchstechern wirklich Bauchstechen bekommen hat, so wußte man in Franken immer schon ein gutes Mittel dagegen: Man drückt den Daumen der rechten Hand auf den Nabel des Leidenden und flüstert über den Nabel hinweg dreimal den »Koliksegen«, der weitaus mysteriöser sein muß als eine Tablette gegen Sodbrennen.

15

Bettelmann

750 g aromatische saure Äpfel	waschen, schälen, vierteln und entkernen, mit
¼ l Wasser,	
3 EL Zucker,	
Saft und Schale von 1 ungespritzten	
Zitrone	und
1 Glas Weißwein	knapp garen, abtropfen lassen.
300 g Bauernbrotbrösel	in einer Pfanne in
50 g Butter	unter Rühren rösten. In eine Schüssel geben,
4 EL Zucker,	
etwas feingeriebene ungespritzte	
Zitronenschale,	
½ TL Zimt,	
3 EL Sultaninen	und
3 EL gehackte Mandeln oder Nüsse	sowie
etwas vom Apfelkochwasser	dazutun. Eine Auflaufform großzügig mit
Butter	bepinseln, schichtweise Brösel, Apfelmasse und wieder Brösel einfüllen, bis alle Zutaten aufgebraucht sind.

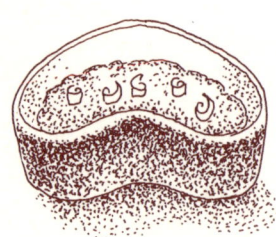

30 g Butter	in Flöckchen auf der Oberfläche verteilen. Auf dem Rost im Ofen garen. Heiß mit Vanille- oder Weinschaumsoße auf den Tisch stellen. Elektro 200°C Gas Stufe 3, unterste Schiene Backzeit 35 Minuten

Bettelmann, ein typisches Gericht aus dem Frankfurter und badischen Gebiet, wird als praktische Resteverwertung auch mit Aprikosen, Kirschen und Pflaumen zubereitet. Was ein Bettelmann ist, weiß jeder, aber was *der* Bettelmann ist? Gewiß etwas sehr Unverdauliches. Ein Felsblock nämlich in Schwaben, der von Wanderern sehr gefürchtet war, denn merkwürdigerweise verirrten sich gerade dort sehr viele und bettelten um die Erkenntnis nach dem rechten Pfad.

Bischofsbrot

6 Eier
200 g feinem Zucker
200 g Puderzucker

250 g Mehl
50 g geschälte halbierte Mandeln,
50 g grobgehackte Walnüsse,
50 g Quittenbrot (gibt es in Süß-
warengeschäften zu kaufen),
60 g bittere, in kleine Stückchen
gebrochene Schokolade,
feingeriebene Schale von 1 ungespritzten Orange

mit
und
mit dem Elektroquirl sehr gut schaumig
schlagen.
darübersieben.

auf den Mehlberg geben. Alle Zutaten gut ver-
mischen.
In eine mit Blechreinpapier ausgelegte Kasten-
form füllen.
Auf dem Rost abbacken und mit
überstäuben.
Elektro 180 °C
Gas Stufe 2½, unterste Schiene
Backzeit 50 Minuten

Puderzucker

Das Brot der Bischöfe ist auf jeden Fall schon knapp 1900 Jahre alt, seitdem es nämlich Bischöfe und den Klerus gibt. Nur einhundert Jahre bis nach Christi Geburt hatte es die Christenheit geschafft, als Laien ohne beamtete Geistlichkeit zu bestehen.
Daß die Geistlichkeit einen Sinn für Köstlichkeiten hat, davon spricht der Kulturge-schichtler Egon Friedell, wenn er über alte Zeiten sagt: »Allgemein war man der Ansicht, ein Bischof könne nicht in den Himmel kommen; eine besonders reichliche und üppige Mahlzeit nannte man ein Prälatenessen; vom Zölibat sagte man, es unterscheide sich von der Ehe dadurch, daß der Laie ein Weib habe, der Geistliche aber zehn. ›Solange der Bauer Weiber hat, braucht der Pfaffe nicht zu heiraten.‹« Dafür bekam der Bauer im Jenseits aber immerhin himmlisches Manna.
Bischofsbrot ist ein österreichisches Gebäck, für das es sehr viele verschiedene Rezepte gibt. Sie sind alle sehr reich an guten Zutaten.

17

Brauttorte

500 g Butter   mit
500 g feinem Zucker   und
12 Eiern   mit Hilfe des Elektroquirls zu einer sehr schau-
                                                migen Masse verrühren.

500 g geschälte geriebene Mandeln,
feingeriebene Schale von
1 ungespritzten Zitrone,
1 Msp. Muskat   und
1 gestr. TL Backpulver   unter die Schaummasse ziehen.
                                                Diesen gehaltvollen Teig nach und nach in vier
                                                Springformen abbacken. Damit die Teigoberflä-
                                                che glatt bleibt, den Rand der Form nicht fetten.
                                                Den Teig mit einem Spachtel etwas zum Rand
                                                hochziehen.
                                                Am folgenden Tag mit

200 g Butter
180 g Zucker,
6 Eigelb,
dem Saft von 4 großen Zitronen,
der feingeriebenen Schale von 1 un-
gespritzten Zitrone   mit dem Elektroquirl zur schaumigen Zitro-
                                                nen-Buttercreme verschlagen.
                                                Die vier Tortenböden damit aufeinandersetzen.

200 g Puderzucker   mit
1 Eiweiß   und
3 EL Zitronensaft   zum Zitronenguß verrühren. Die Torte damit
                                                überziehen.
                                                Mit
kleinen Myrthenzweigen   und
kleinen weißen Blüten   im letzten Moment garnieren.
                                                Der Kuchen gewinnt an Geschmack, wenn er
                                                einige Tage vor dem Fest gebacken wird.
                                                Elektro 180°C
                                                Gas Stufe 2½, zweite Schiene von unten
                                                Backzeit ca. 30 Minuten

Das Rezept für diese Brauttorte wurde dem renommierten Kochbuch von Henriette
Davidis, das im vorigen Jahrhundert Haushaltsanfängerinnen und angehenden Hausfrauen zuverlässige Hilfe bot, entnommen. Es ist eine deutsche Variation der weltbe-
rühmten englischen Hochzeitstorte. In England ist es Sitte, daß das Brautpaar gemeinsam den untersten, nämlich größten Kuchen der mehrstöckigen Torte anschneidet.
Dabei achten kluge Bräute darauf, daß ihre Hand auf der des Bräutigams zu liegen
kommt, damit sie während der Ehe die Herrschenden sind.

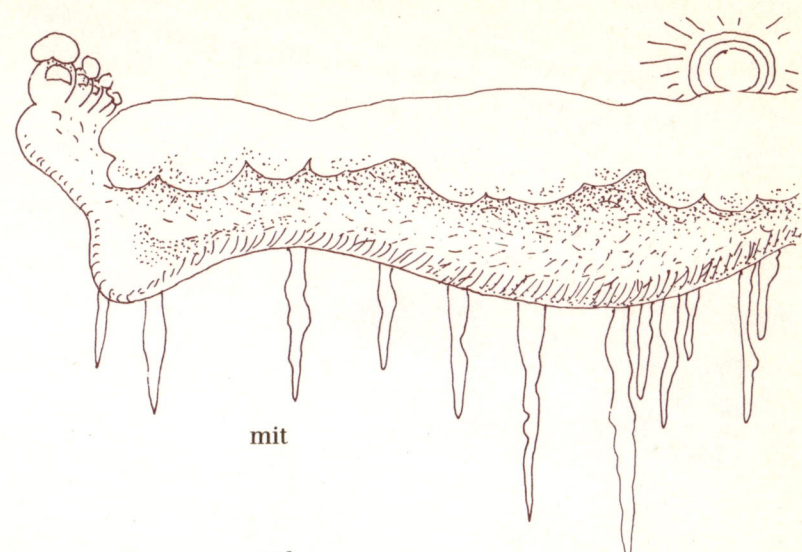

Eisbein

2 Eisbeine

1 Zwiebel,
1 Lorbeerblatt,
1 Nelke,
1 TL Senfkörner
1 TL Pfefferkörner

mit

und

knapp mit Wasser bedeckt zum Kochen
bringen.
Den sich bildenden weißen Schaum abheben
und das Fleisch 90–120 Minuten leise gar ziehen lassen. Herausnehmen, abtropfen lassen
und im Ganzen auftragen.

Das Verfahren, Schweinefleisch durch Pökeln haltbar zu machen, wurde, so erzählt
man sich, vom Berliner Metzgermeister Casl erfunden. Mit seinem Kasseler wurde er
weltberühmt und steinreich.
In früheren Jahrhunderten band man in Skandinavien, Holland und Norddeutschland
die Röhrenknochen der Schweine unter die Schuhe, um auf diesen »Beinen« über das
Eis zu flitzen.
Noch heute tummeln sich die Berliner mit Schlittschuhen auf ihren gefrorenen Gewässern und stillen anschließend den Hunger mit Sauerkraut, Erbsbrei und Eisbein. Der
Durst wird nach persönlichem Geschmack mit kühlem Bier oder heißem Glühwein
gelöscht.

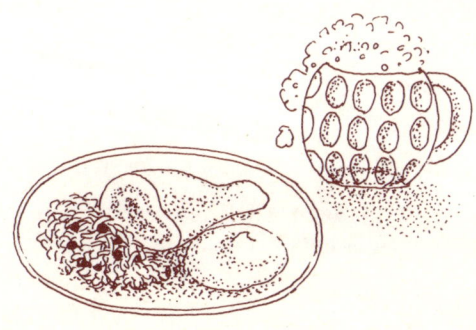

Errötende Jungfrau

½ l Buttermilch,
etwas feingeriebene ungespritzte
Zitronenschale,
Saft von einer Zitrone,
4 EL weißer Rum   oder
Maraschino   und
5 EL Zucker   gut miteinander verschlagen, so daß der Zuk-
                                   ker sich auflöst.

4 Blatt weiße Gelatine   und
3 Blatt rote Gelatine   in reichlich kaltem Wasser einweichen.
                                   Ausdrücken, mit dem Tropfwasser in einem
                                   kleinen Topf vorsichtig schmelzen, aber nicht
                                   kochen lassen. Unter heftigem Schlagen durch
                                   ein Sieb zur Buttermilch geben, kalt stellen.
                                   Wenn die Masse beginnt, fest zu werden,
⅛ l geschlagene Sahne   rasch unterziehen.
                                   Sogleich in eine Glasschale füllen, die Oberflä-
                                   che glätten. Die Süßspeise kühlen und kurz vor
                                   dem Servieren mit
⅛ l geschlagener Sahne   und
einigen Himbeeren oder Johannis-
beeren   hübsch garnieren.

Wer die leise Schamröte des jungen Mädchen verstärken möchte, kann die weiße
Gelatine durch weitere rote Gelatine austauschen.

Fliegender Holländer

2 Eiswürfel,
Saft von einer ½ Zitrone,
1 TL Grenadine,
1 Glas Genever (4 cl)   in ein kurzes Whiskyglas, auch Tumbler genannt, geben.

1 Spritzer frisches gekühltes Wasser   dazugießen.
Das Getränk mit einem langen Barlöffel gut umrühren und sehr kalt als erfrischenden, herben Cocktail kredenzen.

Ein Fliegender Holländer hätte dem Fliegenden Holländer sicher gutgetan. Der holländische Kapitän van Straaten war nämlich im 17. Jahrhundert einmal übermütig mit seinem Schiff bei Sturm um ein Kap gesegelt und mußte von da an, auf alle Ewigkeit, am Karfreitag in See stechen und gegen den Wind kreuzen.
Dieser Cocktail hat, wie es überhaupt oft bei Cocktails der Fall ist, einen Phantasienamen, der irgendwo vielleicht in einer Flughafenbar von einem charmanten Barkeeper erfunden wurde. Es erübrigt sich beinahe mitzuteilen, daß die Zutaten nur für eine Person ausreichen.

Gaisburger Marsch

1 kg Rindfleisch von der Hochrippe,
3 Rinderknochen,
1 Markknochen,
2 Bund Suppengrün (Möhre, Lauch,
Sellerie, Petersilienwurzeln),
2 Zwiebeln,
je 1 Nelke und Lorbeerblatt,
knapp 2 l Wasser   und
1 TL Salz   in einem großen Topf ca. 90 Minuten ziehen lassen.

500 g Kartoffeln   in der Zwischenzeit schälen und in schmale lange Schnitze schneiden, ähnlich wie Apfelsinenschnitze.
Die Brühe durchsieben, und die Kartoffeln in 20 Minuten darin garen. Gleichzeitig

250 g Spätzle   in reichlich Salzwasser garen, abschrecken und auf einem Sieb abtropfen lassen. Das Fleisch würfeln, mit den Spätzle an die Brühe geben.

1 Zwiebel   schälen, kleingewürfelt in
40 g Butter   goldbraun rösten.
2 EL feingehackte Petersilie   und
feingeriebene Muskatnuß   kurz vor dem Servieren an die Suppe geben.

Der nach dem Stuttgarter Vorort Gaisburg benannte Eintopf wurde als bodenständiges Gericht früher den herzoglichen Truppen und wird heute traditionsbewußten Schwaben einmal wöchentlich vorgesetzt. Das Rezept für Spätzle (Spatzen) finden Sie auf Seite 78.

Gebackene Negerweiber

50 g Mehl	mit
6 EL Sahne	in einer Schüssel glattrühren.
2 Eigelb	und
1 Ei	sowie
1 TL Zucker	und die
feingeriebene Schale von ½ unge-	
spritzten Zitrone	zufügen.

Es soll ein dicklicher Pfannkuchenteig entstehen. Reichlich

Schmalz oder Plattenfett

im Fritiertopf erhitzen, so daß von einem hineingehaltenen Hölzchen Blasen aufsteigen. Einen dicken Holzzylinder zunächst in das heiße Fett, dann etwa 20 cm in den Teig tauchen und diesen hell backen. Den Teig immer wieder im schwimmenden Fett ausbacken, bis er verbraucht ist. Die morchelartig geformten Küchlein vorsichtig vom Löffelstiel schieben. Entweder mit

Johannisbeeren und
Sahne

füllen oder aufrecht stehend auf eine Platte stellen und mit einer heißen Soße aus

¼ l Rotwein,
3 EL Zucker,
1 Stückchen Stangenzimt und
1 Stückchen ungespritzter Zitronen-
schale übergießen.

Die griechischen Sagen informieren uns über die Entstehung der Neger. Der tollkühne Phaeton, Sohn des Sonnengottes Helios, wollte einmal mit dem Sonnenwagen über den Himmel fahren. Dabei gingen ihm die feurigen Rosse durch, wobei die Erde verbrannte und eine große Dürre ausbrach. Durch dieses Mißgeschick wurden die ehemals weißen Libyer zu dunkelhäutigen Menschen. Der zarte Jüngling mußte seine Abenteuerlust büßen: Gottvater Zeus ließ ihn abstürzen.

Das Rezept für diese gebackenen Negerweiber ist, wie überhaupt die meisten Rezepte für Fettgebackenes, schon sehr alt und taucht unter den Bezeichnungen *Rosetten*, *Muscheln* oder *Schmetterlinge* auf, je nach der Form des gußeisernen Spezialgerätes. Die originalen gebackenen Negerweiber haben die Form einer Halbkugel – raten Sie einmal warum!

Großer Hans

4 Eigelb	mit
50 g Butter oder Margarine	verquirlen.
375 g Mehl,	
½ l Milch,	
1 gestr. TL Salz,	
1 Msp. Kardamom	nach und nach dazugeben.
4 Eischnee	unter die Teigmischung geben.
100 g eingeweichte Backpflaumen	entsteinen, mit
100 g Sultaninen	vermischen und auf die Mitte eines nassen Geschirrtuchs geben.

Den Teig darauffüllen und das Tuch kreuzweise so zusammenbinden, daß der Große Hans sich beim Garen noch etwas ausdehnen kann. Den Mehlbeutel an einem langen Kochlöffelstiel in einen knapp zur Hälfte gefüllten Topf mit schwach kochendem Wasser hängen. Der Kloß darf den Topfboden nicht berühren. Den Topf mit Alufolie abdecken und zwei Stunden auf dem Herd kochen lassen. Evtl. verkochtes Wasser durch frisches heißes Wasser ersetzen. Den fertigen Kloß auf einer flachen Schüssel mit heiß auftragen.

Kompott

Möbüdl, wie diese Mehlbeutel im Dialekt genannt werden, gelten als Nationalspeise in der alten Bauernrepublik Dithmarschen, zwischen Eider, Nordsee, Elbe und Kielkanal. Man kennt viele Spielarten: schwarze werden mit Blut vom Schlachtfest; bunte mit Eiern, Sultaninen und Zitronat; die weißen nur mit Mehl zubereitet.

Der Große Hans ist nicht nur eine norddeutsche Nationalspeise, sondern Großer Hans hießen in der Landsknechtsprache die Offiziere und Hauptleute, der 08/15-Landser hieß damals dementsprechend Kleiner Hans und war ein armer deutscher Michel.

Grüne Jäger/Weiße Hunde

250 g weiße Bohnen	waschen, in reichlich Wasser über Nacht quellen lassen. Am folgenden Tag mit dem Einweichwasser und
800 g Lammfleisch von der Schulter, *1 Zwiebel,* *1 Nelke,* *1 Lorbeerblatt,* *1 Zweig Estragon,* *Salz und Pfeffer*	etwa 90 Minuten im dickwandigen Topf garen.
400 g Schnippelbohnen	kurz wässern.
Ca. 6 Kartoffeln	waschen, schälen, würfeln und mit den Bohnen in den Topf geben. Nach 30 Minuten den Eintopf abschmecken. Er wird mit Messer und Gabel gegessen, darf also nicht zu suppig sein.

In früheren Jahrhunderten, als das Verfahren des Tiefkühlens oder Sterilisierens in Dosen und Gläsern noch nicht erfunden war, machte man Gemüse durch Dörren oder Pökeln für die Wintermonate haltbar. Unter Schnippelbohnen verstehen wir grüne Stangenbohnen, die diagonal in schmale dünne Streifen geschnitten und mit Salz in Steintöpfen konserviert werden. Bei diesem Verfahren entwickelt sich ähnlich wie beim Sauerkraut Milchsäure, die den Bohnen den typischen Geschmack verleiht. Im Rheinland und in Westfalen ist diese Haltbarmachung immer noch gebräuchlich. Die langen grünen Bohnenschnippel werden als Jäger, die weißen Bohnenkerne als Hunde bezeichnet. Beide sind hinter guten Fleischstücken her.

Halbseidene

1250 g mehlige Kartoffeln,	die tags zuvor als Salzkartoffeln gedämpft wurden, in eine Schüssel reiben.
300 g Kartoffelmehl	dazugeben,
½ l kochendes Wasser	darüberschütten,
½ TL Salz	zufügen, dann alle Zutaten rasch zu einem glatten Teig verkneten.
	Acht glatte Klöße formen. In einem großen Topf reichlich Salzwasser erhitzen und die Halbseidenen in ca. 15 Minuten ohne Deckel leise gar ziehen lassen. Wer will, kann die Klöße zusätzlich mit
gerösteten Weißbrotwürfeln	vor dem Garen füllen.

Klöß, wie die Franken sie nennen, sind zu Enten-, Gänse- und Schweinebraten unerläßlich. Die Bezeichnung »Halbseidene« bekommen sie aufgrund ihrer leicht glasigen Oberfläche. In übertragener Bedeutung versteht man unter Halbseidene eine sehr hübsche junge Dame, die auf hohen Absätzen am Straßenrand den vorbeifahrenden Autofahrern tief in die Augen blickt.

Wer auch in Frankreich auf die appetitlichen, echten Halbseidenen nicht verzichten will, bekommt gar nichts, wenn er »Demi-Soies« verlangt. Halbseiden heißt links des Rheins nun einmal Demi-Monde!

Holländische Hochzeitsmacher

300 g braunen Zucker,
200 g dunklen Honig und
60 g Margarine im Topf schmelzen und etwas abkühlen lassen.
600 g Mehl mit
je 70 g feingehacktem Orangeat und
Zitronat,
2 gestr. TL Zimt,
½ gestr. TL Muskat vermischen.

Zuerst die Honigmasse, dann
15 g Pottasche, die in
2 EL Wasser aufgelöst wurde, zufügen.

Die Zutaten zunächst verrühren, dann zum Teig verkneten. Den Teig etwas ruhen lassen und auf bemehlter Unterlage etwa ¾ cm dick ausrollen.

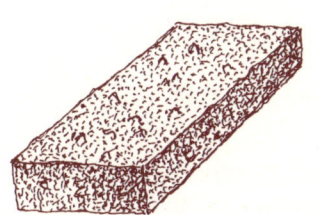

Die Teigplatte auf ein sehr großzügig gefettetes Backblech legen, backen und noch warm in Rechtecke 2 x 8 cm schneiden.
Elektro 200°C
Gas Stufe 3, oberste Schiene
Backzeit ca. 20 Minuten

Kaum einer von uns denkt heute noch daran, daß der Rohrzucker erst seit etwa 150 Jahren ein für die Allgemeinheit erschwingliches Lebensmittel geworden ist. Würziger Honig wurde in früheren Jahrhunderten zum Süßen von Speisen und Gebäcken gebraucht. Aus der Tatsache, daß süße Sachen kostbar waren, hat manch heiratslustige hübsche Maid ihren Nutzen zu ziehen gewußt.

Jan im Sack

500 g Reis
300 g Dörrpflaumen

125 g Sultaninen
etwas Salz

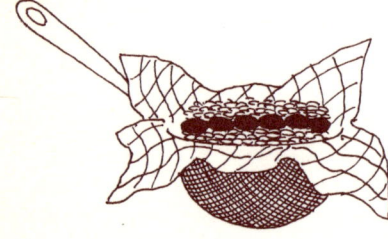

waschen,
mit etwas Wasser einmal aufkochen. Auf einen Seiher ein Geschirrtuch legen, schichtweise Reis, Zwetschgen und
und
auf das Tuch geben.

Nun das Tuch wie einen Beutel oben zusammenbinden, wobei man noch Raum zum Ausquellen des Reises berücksichtigen muß. In einen sehr großen Topf einen alten Teller geben, dann reichlich Salzwasser zum Kochen bringen und den Beutel hineinhängen. Mit Alufolie abdecken.

Das Gericht braucht etwa 1½ Stunden, um gar zu werden.

Vorsichtig aus dem Tuch auf eine große Platte geben.

Das Gelingen dieses altmodischen Jan im Sack, am Niederrhein auch *Pottgebeutel* oder *Reisgebeutel* genannt, ist etwas Glückssache. Bindet man den Beutel zu tief zu, kann der Reis nicht richtig ausquellen. Läßt man dem Kloß zuviel Raum, wird der Reis zu weich. Er wird, mit brauner Butter übergossen, zu heißem Schinken oder Sauerbraten gegessen.

Jan ist die holländische Version des Allerweltsnamens Hans, die Bezeichnung Sack rührt zweifelsohne vom holländischen Wort »zakdoek«, dem Taschentuch, her. Bei den Bauern hatte es früher ja beträchtliche Maße, damit man oft genug den Schweiß von der Stirn reiben oder die Nase schneuzen konnte.

Kaiserbrot

4 Eier	und
200 g Zucker	mit dem Elektroquirl zur schaumigen Masse verschlagen.
100 g geschälte feingeriebene	
Mandeln	und
1 TL feingeriebene ungespritzte	
Zitronenschale	darunterschlagen.
100 g Mehl	darübersieben und vorsichtig mit einem Kochlöffel darunterheben.

Den lockeren Teig in eine mit Blechreinpapier ausgekleidete Kastenform von 28 cm Länge füllen. Auf dem Rost goldgelb backen, dann mit durchgesiebter

Zitronenmarmelade	dünn bestreichen und mit einem Guß aus
125 g Puderzucker	und
3 EL Zitronensaft	überziehen.

Elektro 200°C
Gas Stufe 3, unterste Schiene
Backzeit 45 Minuten

Es gab Kaiser, die sich nach dem Kaiserbrot alle Finger geschleckt hätten, so arm waren sie. Das Brot des Kaisers Matthias, der von 1612 bis 1619 immer unglücklicher wurde, war schließlich nur noch auf Pump gekaufter Hirse- und Haferbrei. Eingebrockt hatte ihm diesen Brei ausgerechnet sein Berater, der Kardinal Khlesl, und der hätte als Bäckerssohn doch wissen müssen, daß einem Kaiser Kaiserbrot zusteht. Nachfolgend ein weiteres Rezept für Kaiserbrot.

29

Kaiserbrot

11 Eigelb	und
250 g Puderzucker	mit dem Elektroquirl sehr schaumig schlagen.
Feingeriebene Schale von ½ unge-	
spritzten Zitrone,	
250 g geschälte Mandeln,	unzerteilt mit
125 g grobgehackten Haselnüssen,	
125 g entkernten Datteln,	
250 g Sultaninen,	
125 g Korinthen,	
250 g grobgehackter Schokolade	und
60 g feingewürfeltem Zitronat	unter die Schaummasse heben.
11 Eiweiß	in einer zweiten Schüssel zu steifem Schnee
	schlagen, auf die Eigelbmasse geben.
250 g Mehl	und
1 gestr. TL Backpulver	mischen und über den Eischnee sieben.

Alle Zutaten vorsichtig miteinander vermischen, ohne daß die Luft herausgerührt wird.
Eine Kastenform von 28 cm Länge mit Blechreinpapier auskleiden, den Teig hineingeben und glattstreichen. Auf dem Rost abbacken.
Erkaltet in Schnitten schneiden und als Leckerei zum Advent ähnlich wie Früchtebrot servieren.
Elektro 175°C
Gas Stufe 2½, unterste Schiene
Backzeit 50 Minuten

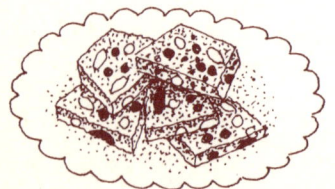

Kaisertee

35 g weißer Kandiszucker (das sind zwei Lot)	mit
⅛ l Wasser (das sind 3 Obertassen voll)	aufkochen.
2 Eigelb	mit
1 EL kaltem Wasser	in einem tiefen Hafen, so nennen die Schwaben hohe Milchkannen, gut verrühren, dann das kochende Wasser unter ständigem Rühren aufgießen und dabei heftig strudeln, was wir heute gemeinhin mit verschlagen bezeichnen würden. Diesen sogenannten Kaisertee sogleich in eine Rahmkanne umfüllen.

Bei dieser Anleitung für den Kaisertee aus dem Regensburger Kochbuch der Marie Schandri aus dem vorigen Jahrhundert, kommt die Bezeichnung Tee wohl auch dem Leser etwas spanisch vor. Wir müssen aber bedenken, daß Tee in früheren Jahrhunderten durch die weit größeren Transportprobleme eine große Kostbarkeit war, so daß findige Köchinnen nach Ersatzgetränken suchten.

31

Kardinal

250 g Würfelzucker
6–8 sauberen ungespritzten Blut-
orangen

kräftig auf den Schalen von

so lange abreiben, bis die Zuckerwürfel die
ätherischen Öle der Schale in sich aufsaugen
und hellorange aussehen.
Sie verströmen einen verführerischen Duft.
Von 2–3 Orangen den Saft auspressen und
durch ein Sieb über die Zuckerwürfel gießen.

1 Flasche Moselwein,

der zuvor gut gekühlt wurde, aufgießen. Zugedeckt das so gefüllte Bowlengefäß mindestens
eine Stunde in den Kühlschrank stellen.
Vor dem Servieren noch mit

1 Flasche Burgunder- oder Moselwein
1 Flasche Sekt
1 kleine Blutorange

und
auffüllen.
mit der Schale halbieren und mit einem scharfen Messer quer in dünne Scheiben schneiden.
Unmittelbar vor dem Servieren zum Kardinal
geben.

Die Farbe dieses Getränks entspricht dem Kardinalspurpur. Daß es auch Kardinals-
bischöfe gibt, also Bischöfe mit gleichzeitiger Kardinalswürde, sollte die Kardinals-
oder die Bischofstrinker nicht verwirren. Papst Sixtus V. hat übrigens die Zahl der
Kardinäle, die seit dem Jahr 1059 den Papst wählen, auf 70 festgelegt. So viele Gläser
sollte man davon aber nicht unbedingt allein trinken.

Karmeliter-Torte

125 g geriebene geschälte Mandeln.	
100 g Datteln	entkernen und hacken.
65 g Feigen	klein schneiden.
65 g Sultaninen	und
65 g Korinthen.	Die Früchte miteinander vermischen und mit
2 EL Rum	beträufeln.
4 Eiweiß	zu steifem Schnee schlagen.
100 g feinen Zucker	und
4 Eigelb	darunterschlagen.
100 g Mehl	mit
2 EL Speisestärke	und
1 TL Backpulver	mischen und auf die Eigelbcreme sieben.
	Die Früchte daraufgeben.
⅛ l geschlagene Sahne	auf die Früchte geben, dann alle Zutaten sehr vorsichtig miteinander vermengen.

Den Teig sogleich in eine gut gefettete Springform (⌀ 24 cm) füllen und die Oberfläche glätten.
Nach dem Backen aus der Form nehmen und erkalten lassen. Dann mit weißem Guß aus

200 g Puderzucker,	
3 EL Arrak	und
2 El heißem Wasser	überziehen. Mit
roten kandierten Kirschen	und
Pistazien	bunt garnieren.
	Elektro 200°C
	Gas Stufe 3, mittlere Schiene
	Backzeit 45 Minuten

Große Torten stehen zu den Karmelitern in gewissem Widerspruch, denn dieser Orden lebte nicht von Süßspeisen, sondern seit 1253 vom Betteln und von Almosen. Gegründet war er als Vereinigung von Eremiten 1155 durch den Kreuzfahrer Berthold in der italienischen Provinz Kalabrien. Erfahrene Köche wissen überdies: Die Unbeschuhten Karmeliter essen nie Fleisch, die Beschuhten Karmeliter nur an drei Tagen der Woche.
Kein Wunder, daß die gar nicht dummen Brüder durch reichlichen Verzehr von Mandeln versuchten, den Eiweißmangel wettzumachen. Dieses Backrezept ist ein Beispiel dafür.

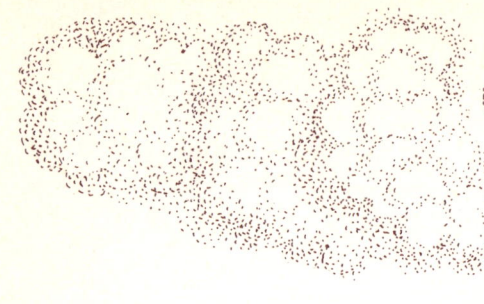

Köhler im Ofen

1 Köhler (Seelachs)	ausnehmen, schuppen, sehr gründlich waschen. Mit
Essig	beträufeln, nach 10 Minuten mit
Salz	bestreuen. Eine große feuerfeste Form mit
Öl	bepinseln. Den Fisch hineinlegen, etwas
Öl	darübergießen.
4 kleine Tomaten	waschen, halbieren oder vierteln,
4 Zwiebeln	schälen, vierteln, beides zum Fisch in die Form geben.
1 ungespritzte Zitrone	in Achtel schneiden und diese Schnitze auf und neben den Fisch legen.
1 Bund Petersilie	waschen, hacken, darüberstreuen.
20 g Margarine	in Flöckchen darüber verteilen.
1 Glas Weißwein	über das Ganze gießen.

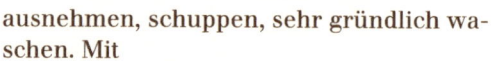

Die so vorbereitete Form zunächst 20 Minuten mit Folie bedeckt, dann ohne Folie im Backofen garen.

Köhler stellen Holzkohle her. Dafür schichten sie auf großen Waldlichtungen hohe Haufen Holz, die mit Grassoden und Erde bedeckt und unten angezündet werden. Durch die schwache Luftzufuhr entsteht ein Schwelbrand, der genau zum richtigen Zeitpunkt gelöscht werden muß, damit von den Köhlern die so gewonnene Holzkohle entnommen werden kann.

Der Fisch »Köhler« bekam sicherlich seinen Namen, weil Rücken und Maul beinahe schwarz gefärbt sind. Als Blaufisch der Dorschfamilie lebt er vornehmlich in den Gewässern um Island, wird aber auch vor der spanischen Atlantikküste gefangen. Das schmackhafte Fischfilet wird frisch oder tiefgekühlt als Köhler, gefärbt und in Konservendosen haltbar gemacht als Seelachs, getrocknet als Stock- oder Klippfisch verkauft.

34

Königskuchen

250 g Butter oder Margarine,	
200 g feinen Zucker,	
1 Beutel Vanillinzucker	und
6 Eier	mit dem Elektroquirl auf höchster Schaltstufe zur schaumigen Masse verquirlen.
450 g Mehl	mit
1 Beutel Vanille-Puddingpulver	und
1 Beutel Backpulver	mischen, abwechselnd mit knapp
⅛ l Milch	an die Eimasse geben. Dafür die Knethaken in die Maschine einsetzen.
75 g Zitronat	und
75 g Orangeat	würfeln,
125 g geschälte Mandeln	grob hacken. Diese Zutaten mit
125 g Sultaninen	und
125 g Korinthen	sowie
1 ungeschälten ganzen Mandel	unter den Teig rühren. In eine gebutterte und gebröselte Napfkuchenform füllen. Die Oberfläche glätten, auf dem Rost abbacken. Nach dem Abkühlen mit einem Guß aus
200 g Puderzucker	und
4 EL weißem Rum oder Arrak	überziehen.

Am Dreikönigstag rückte man nah zusammen, denn diese Nacht war die letzte und gefährlichste der dämonischen Rauhnächte. Aufgetischt wurde der Königskuchen, der sauber aufgeteilt wurde. Fünf Stücke wurden für die Heiligen Drei Könige, für Maria und für Christus beiseite gelegt. Wer von den anderen in seinem Stück eine Bohne fand, der war für diesen Abend der Bohnenkönig und wurde zum Schmausvorsitzenden ernannt, nachdem er gegen alles Böse ein Kreuz an die Zimmerdecke gemalt hatte. Heute nimmt man eine Mandel statt der Bohne.

Kuchenmichel

8 alte Brötchen	in dünne Scheiben schneiden, mit
ca. ¼ l Milch	übergießen.
3 Eier	mit
4 EL Zucker	und
50 g Butter	kräftig verschlagen,
feingeriebene Schale von 1 unge-spritzten Zitrone,	
1 Prise Salz	und die eingeweichten Brötchenscheiben dazu-geben.
700 g säuerliche Äpfel	waschen, schälen, in Schnitze schneiden. Eine Auflaufform mit reichlich
Butter 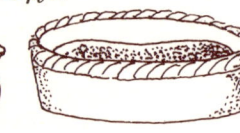	auspinseln. Abwechselnd Teig und Früchte hin-einfüllen. Die oberste Schicht soll aus Teig be-stehen. Mit der flachen Hand etwas andrücken.
2 EL Paniermehl	mit
2 EL Zucker,	
2 EL gehackten Mandeln	und
1 Msp. Zimt	vermengen und auf die Oberfläche streuen.
30 g Butter	in Flöckchen darüber verteilen.
	Auf dem Rost im Ofen backen, heiß mit
Himbeersaft, Vanille- oder Weinsoße	auf den Tisch stellen.
	Elektro 200 °C
	Gas Stufe 3, unterste Schiene
	Backzeit 40 Minuten

Dieser südlich der Mainlinie auch mit Aprikosen, Kirschen oder Zwetschgen zubereite-te Auflauf wird je nach Landschaft auch *Scheiterhaufen, Kirschenmännle* und *Kirschen-michel* genannt. Man kann auch Kuchenreste verwerten und etwa 100 g gehackte Mandeln an den Teig geben.

Lieber einen Kuchenmichel essen, als sonst ein Michel sein. Denn daß ›Michel‹ ein zartes Schimpfwort ist, kann man beweisen. So hieß ein Grobian nicht anders als Knullmichel, ein weinerlicher Mensch im Norden Hulmichel und in Nördlingen gar heißt der Schüler, der als letzter in die Schule eilt, klipp und klar Klotzmichel. Wenn auf einer internationalen Karikatur ein Männlein mit Zipfelmütze und dickem Bäuchlein dargestellt wird, so dürfen wir sicher sein, daß es sich um einen deutschen Bürger, eben den deutschen Michel, handelt.

Mohr im Hemd

50 g Vollmilch-Schokolade	und
50 g Zartbitter-Schokolade	auf der feinen Handreibe reiben.
65 g Butter	mit
75 g Zucker	und
1 Beutel Vanillinzucker	mit dem Elektroquirl schaumig rühren.
4 Eigelb,	
100 g geriebene geschälte Mandeln,	
2 feingehackte bittere Mandeln	und die geriebene Schokolade nacheinander unterrühren.
4 Eiweiß	zu sehr steifem Schnee schlagen und vorsichtig unter die dunkle Masse heben.

Butter
Paniermehl

Eine verschließbare Puddingform sehr gut mit einfetten und mit ausschwenken.
Den Teig hineingeben. Die Form mit dem ebenfalls gefetteten und gebröselten Deckel verschließen. Im Wasserbad zum Kochen bringen, 60 Minuten leise garen lassen.
Kurz unter kaltem Wasser abschrecken, dann öffnen, vom Rand lösen und auf eine Platte stürzen.
Die Oberfläche mit

⅛ l geschlagener Sahne,	die mit
1 EL Puderzucker	und
1 Beutel Vanillinzucker	gesüßt wurde, gleichmäßig überziehen.

Das Hemd vom *Mohr im Hemd* ist von viel verdaulicherer Qualität als ein Hemd aus Mohr. Das changierende Seidengewebe – auf französisch: Moiré – hieß früher nämlich weniger fremdländisch: Mohr. Mohr im Hemd ist also in jedem Fall etwas Feines. Diese altmodische Süßspeise bekommt durch den Überzug aus luftiger, weißer Sahne den besonderen Pfiff.

Mohrenköpfe

4 Eier	mit
4 EL heißem Wasser,	
200 g Zucker,	
1 Beutel Vanillinzucker	und
1 Prise Salz	in eine Schüssel geben und mit dem Elektro-quirl so lange schlagen, bis eine ganz schaumi-ge Masse entstanden ist.
120 g Mehl	mit
80 g Speisestärke	und
1 gestr. TL Backpulver	mischen und über die Schaummasse sieben. Die Zutaten vorsichtig zum lockeren Biskuit-teig vermengen.

Entweder in gebutterte und gemehlte Mohren-kopf-Spezialformen füllen oder, falls diese nicht vorhanden sind, selbst Förmchen herstel-len. Dafür eine dreifache Lage dicker Alumi-niumfolie über die Unterseite von runden Tas-sen stülpen, so daß halbkugelförmige Förm-chen von etwa 5–6 cm Durchmesser entstehen. Diese Förmchen brauchen nicht gefettet zu werden.

Nach dem Abbacken erkalten lassen. Die glat-ten Flächen mit

200 g durchpassierter Aprikosen-marmelade	bestreichen. Die Hälfte des Gebäcks mit
250 g geschmolzener Kuvertüre	überziehen.
⅛ l Sahne	steif schlagen, mit
1 Beutel Vanillinzucker	und
1 EL Zucker	abschmecken.

Mit Hilfe des Spritzbeutels die glatte Fläche des restlichen Gebäcks damit bespritzen. Nun die dunklen halbkugelförmigen übrigen Mohrenköpfe aufsetzen.

Aus dieser Teigmenge bekommen Sie etwa 14 Stück. Bald verzehren.

Elektro 220°C
Gas Stufe 3½, mittlere Schiene
Backzeit ca. 15 Minuten

Diese bei unseren Kindern so beliebten schwarz überzogenen Mohrenköpfe sind eine Wiener Spezialität aus feiner Biskuitmasse, die in Österreich auch als Indianerkrapfen bezeichnet werden. Mit Schokoladencreme gefüllt und weißem Rumguß überzogen, heißt das gleiche Gebäck *Tigerkrapfen* – heller Teig und dunkle Füllung standen bei der Namensgebung Pate.

Wer sich einen Mohrenkopf in der Nähe eines Gestüts bestellt, kann eine böse Überraschung erleben. Es könnte ihm plötzlich ein Pferd serviert werden, eines bei dem das Fell rötlich, Kopf und Beine hingegen schwarz gefärbt sind. Der Pferdezüchter nennt's: Mohrenkopf.

Nonnenpfürzchen

¼ l Milch	mit
1 Prise Salz	und
50 g Butter	in einem Stieltopf zum Kochen bringen.
125 g Mehl	sieben und mit einem Mal in den Topf geben. Den Topfinhalt erhitzen, bis ein Kloß entsteht. Dann
1 EL Zucker	und
1 Ei	unterrühren. Wenn der Teig kalt ist, noch
2 Eier	unter den Brandteig rühren.
Fritierfett	auf 180°C erhitzen, so daß von einem hineingehaltenen Hölzchen Bläschen aufsteigen. Mit Hilfe von zwei Teelöffeln kleine Klößchen vom Teig abstechen. Diese in heißem Fett schwimmend goldbraun backen. Auf Küchenpapier abtropfen lassen, mit
Puderzucker,	der mit
1 Beutel Vanillinzucker	vermischt wurde, besieben.

Nonnenpfürzle sind in der bayerischen und Tiroler Küche zu Hause. Sie werden lauwarm oder kalt mit Kompott, Weinschaumsoße oder Rotweinsoße als Nachspeise, aber auch als Kaffeegebäck von groß und klein gerne verzehrt. Man kennt sie seit dem 14. Jahrhundert.

»Es sind nunnenfürzel
nempt das erste in den mund
so wert ir frisch alz ein fauler hunt.«
Erlauer Spiele, Vers 670

40

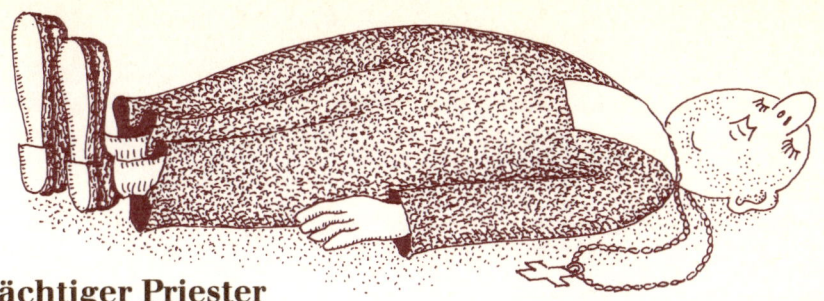

Ohnmächtiger Priester

4 kleine Auberginen	ungeschält der Länge nach teilen, mit
Salz	bestreuen, 10 Minuten ziehen lassen. Mit Wasser abspülen, mit Küchenpapier trocken tupfen. Die dunkel-lila Schalen mehrere Male mit einem spitzen Messer einstechen.
6–8 Knoblauchzehen	schälen, in Stücke schneiden, in die Auberginenschalen spicken.
2 Zwiebeln	schälen, fein hacken, in
2 EL Öl	andünsten.
1 Knoblauchzehe,	
Salz, Pfeffer, Paprika,	
1 Msp. Zimt,	
1 TL Zucker,	
2 EL Zitronensaft,	
evtl. 200 g gemischtes Hackfleisch	beifügen und mitbraten.
4 fleischige Tomaten	schälen, würfeln, an die Mischung geben, dabei die Kerne beiseite tun. Die Füllung abschmecken. Die Auberginen 3 Minuten im kochenden Wasser blanchieren. Auf eine mit
Öl	bepinselte feuerfeste Platte geben, die Füllung darüberhäufen.
⅛ l dunklen Rotwein	in die Form gießen. Auf dem Rost im Ofen garen und mit Weißbrot und trockenem roten Landwein zu Tisch bringen.

Als einem türkischen Priester diese Nationalspeise von einer freundlichen Wirtin aufgetragen wurde, fiel er ohnmächtig um; ob aus Begeisterung über den verführerischen Duft oder vor Entsetzen wegen des starken Knoblauchs können wir heute nicht mehr genau rekonstruieren. In der Türkei wird Imam Bayildi meistens kalt gegessen. Die Griechen wandeln das Rezept mit Zucchini ab und nennen es liebevoll *Kleine Schuhe.*

Ohrfeige

4 Eiweiß	mit
4 EL kaltem Wasser	mit dem Elektroquirl zu sehr steifem Eischnee schlagen.
1 gestr. EL Mehl,	
1 gestr. EL Speisestärke,	
1 TL Backpulver,	
1 Prise Muskat	und
1 Msp. Salz	mischen und auf den Eischnee sieben.
4 Eigelb	daraufgleiten lassen, dann alle Zutaten durcheinander schlagen. Von
60 g Butter oder Margarine	die Hälfte in eine kunststoffbeschichtete Pfanne geben, dann die Hälfte der schaumigen Masse hineinfüllen, die Oberfläche glätten. Einen Deckel auflegen und die Ohrfeige bei milder Hitze 2–3 Minuten braten. Den Deckel abnehmen und die offene Pfanne für 2 Minuten unter den Grill schieben. Auf eine runde Platte geben.
3 EL Zucker	darüberstreuen,
Saft von 2 Zitronen	darüberträufeln, das restliche Fett in der Pfanne erwärmen, die zweite Ohrfeige backen und so auf die erste geben, daß die gebratene Seite nach oben schaut. Mit
Puderzucker	bestäuben und sogleich als feine Nachspeise auftragen.

Als Ohrfeigen wurden in früheren Zeiten Omeletten bezeichnet. Sorgfältig zubereitet und liebevoll wie hier angeboten, kassiert wohl ein jeder sie gerne ein.
Daß bei der Zubereitung von Ohrfeigen immerhin zwei Zitronen, aber nicht eine Feige verwendet wird, braucht wirklich nicht zu wundern, denn natürlich stammt die ›Feige‹ in der Ohrfeige vom althochdeutschen Wort ›fycken‹ ab, was nichts anderes meint, als ›schlagen, streichen‹.

Pfaffenhütchen

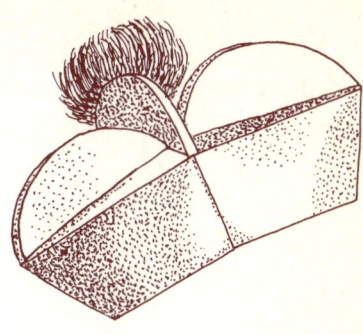

300 g Mehl
200 g Butter,
100 g Zucker,
1 Ei,
½ TL Zimt,
1 Msp. Piment,
1 Msp. Nelken,
etwas feingeriebener ungespritzter
Zitronenschale
1 Prise Salz

mit

und

auf ein Backbrett häufen.
Mit einem großen Pfannenmesser alle Zutaten
schnell verhacken, dann zum glatten Teig verkneten. Nach halbstündiger Kühlzeit den Teig
portionsweise auf bemehlter Unterlage ausrollen. Runde Plätzchen von etwa 5 cm Ø ausstechen. Eine Füllung aus

1 Eiweiß,
50 g feinem Zucker
50 g geriebenen Haselnüssen

und

teelöffelweise auf die Mitte der Plätzchen
geben.
Mit den Fingerspitzen den Rand der Plätzchen
an drei Stellen zur Mitte hin als Dreispitz zusammendrücken. Auf einem gefetteten Backblech goldgelb abbacken.
Elektro 200 °C
Gas Stufe 3, oberste Schiene
Backzeit 12–15 Minuten.

Der Unterschied, ob man nun in ein Pfaffenhütchen oder aber in ein Pfaffenmützchen
beißt, ist erheblich. Pfaffenmützchen hießen bei den Protestanten die Eisenhüte der
katholischen spanischen Soldaten.

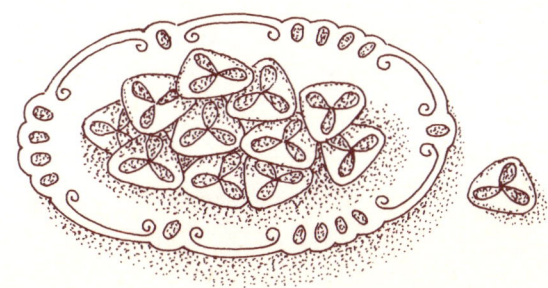

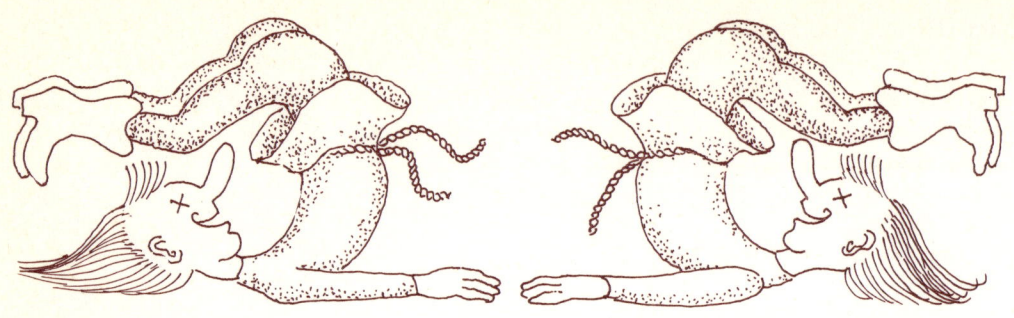

Purzel

30 g Hefe	mit
150 g weicher Butter oder Margarine,	
150 g Zucker,	
2 Eiern,	
ca. ¼ l Milch,	
1 gestr. TL Salz,	
feingeriebener Schale von ½ unge-spritzten Zitrone	mit dem Elektroquirl gut verschlagen.
500 g Mehl	darunterkneten, dabei die Knethaken einset-zen. Den Teig zugedeckt 60–90 Minuten an warmer Stelle locker aufgehen lassen.
Fritierfett	auf 180°C erhitzen, so daß von einem hinein-getauchten Kochlöffelstiel Bläschen aufsteigen. Mit einem nassen Eßlöffel unregelmäßig ge-formte Bällchen abstechen und jeweils 3–4 da-von in das Fett purzeln lassen. Goldbraun aus-backen. Auf Küchenpapier abtropfen lassen. Noch heiß mit
Puderzucker	besieben.

Dies ist ein ostpreußisches Gebäck, welches vornehmlich am Silvesterabend zum Punsch gereicht wird. Auch in Holland ißt man in kluger Voraussicht am Silvesterabend ein ähnliches Gebäck, die Oliebollen. Das Fett hilft, den Alkohol zu verseifen.
Nicht nur die Teigklumpen können ins Fett purzeln oder fallen. Wenn in Sachsen ein junges Mädchen fällt, so heimst es sich den Namen »Purzel« ein. Darum sollte man dort vorsichtig mit der Ankündigung sein, man würde Purzel gerne mögen!

Schlosserbuben

300 g Mehl,
150 g Zucker,
125 g kalter Butter,
1 Ei
1 Beutel Vanillinzucker

Johannis- oder Himbergelee

Aus

und
auf dem Backbrett rasch einen Mürbeteig
hacken.
Portionsweise auf bemehlter Unterlage ausrollen und mit einem Glas runde Plätzchen (∅
3–4 cm) ausstechen. Mit Hilfe eines Fingerhu-
tes aus der Hälfte der Plätzchen jeweils drei
Löchlein ausstechen. Goldgelb backen. Die
ganzen Plätzchen gleichmäßig mit
bestreichen. Die durchlöcherten Plätzchen mit
Puderzucker bestäuben und auf die Geleeplätz-
chen setzen. Sie können aber auch jeweils zwei
ganze Plätzchen mit Gelee zusammensetzen
und mit Puderzucker bestäuben.

Schlosserbuben sind eine süddeutsche Weihnachtsspezialität, die auch unter der Bezeichnung *Spitzbuben* oder *Pfauenauge* geführt wird. Die Schweizer nennen sie liebevoll *Spitzbuebli.*
Es kann nicht schaden zu wissen, wieso denn der Pfau Augen auf seinen Schwanzfe-
dern hat. Die Griechen wußten's: Der Riese Argus sollte mit seinen hundert Augen eine
Geliebte des Gottes Zeus bewachen. Aber Argus schlief ein, stürzte von einem Fels, und
all seine Augen lagen verstreut um den toten Wächter. Die Göttin Juno sammelte sie
mitleidig auf und fügte sie in die prächtigen Federn des ihr geweihten Vogels: seither
hat der Pfau Argusaugen, wenn die Zoologie auch ganz anderer Meinung sein sollte.
(Ovid, Metamorphosen, 1. Buch).

Schlotfeger

180 g Marzipanrohmasse
150 g Puderzucker,
50 g Mehl,
6 Eiweiß,
½ TL Zimt,
feingeriebener Schale von 1 unge-
spritzten Zitrone

6 EL Sahne

Butter

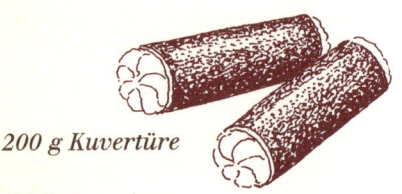

200 g Kuvertüre

¼ l Sahne
2 EL Zucker
Mark von ½ Vanilleschote

mit

zur glatten Masse verkneten und zugedeckt
über Nacht in den Kühlschrank stellen.
unter den Marzipanteig heben.
Den Teig dünn auf zwei sehr großzügig mit
bestrichene Backbleche streichen.
Nacheinander im Ofen backen. Nach 4 Minuten
das Blech kurz herausnehmen, den Marzipanteig in gleichmäßige Quadrate von 10 cm Kantenlänge schneiden, nochmals in den Ofen
schieben und backen, bis der Teig knusprig
goldbraun ist. Rasch, aber vorsichtig vom Blech
nehmen und um ein Holz (Ø ca. 2,5 cm) wikkeln, so daß Zylinder entstehen.
auf Wasserbad schmelzen, die Schlotfeger außen damit bepinseln.
steif schlagen, mit
süßen und mit dem
parfümieren. Die Sahne in die Schlotfeger
spritzen.
Gleich zum Kaffee oder Tee servieren.
Elektro 200°C
Gas Stufe 3, oberste Schiene
Backzeit ca. 12 Minuten

Wenn Sie Zweifel haben, ob es stimmt, daß Schlot- oder Schornsteinfeger Glück
bringen, dann schauen Sie sich die Gesichter Ihrer großen und kleinen Kinder an, wenn
sie diese Köstlichkeit verzehren.
Auch Goethe kommt nicht umhin, in einem Brief die Schlotfeger zu loben: »Ich habe
wieder die Medizin zu Hülfe gerufen, solang sie als Schlotfeger zu wirken hat, hab ich
immer Vertrauen auf sie.« Nicht jeder, der Schlotfeger genießt, wird Goethes Meinung
von deren Verdauungsförderung teilen können: 180 g Marzipan, 200 g Kuvertüre usw.

Schwarzer Magister

500 g Backpflaumen	über Nacht in Wasser quellen lassen. Die Kerne herauslösen, die Pflaumen mit
1 Stückchen Stangenzimt, etwas abgeschälter ungespritzter Zitronenschale	und
2 EL Zucker	bei schwacher Hitze garen. Auf einem Sieb abtropfen lassen.
ca. 12–16 Zwiebäcke	abwechselnd mit den Pflaumen in eine mit reichlich
Butter	bepinselte Form so schichten, daß die oberste Schicht wieder aus Zwiebäcken besteht.
3 Eier	mit
3 EL Zucker, etwas feingeriebener ungespritzter Zitronenschale, 2 EL Zitronensaft, 3 EL Pflaumensaft	und
⅛ l flüssiger Sahne	mit dem Elektroquirl verschlagen. In die Form gießen.
2 EL Paniermehl	mit
2 EL Zucker	und
2 EL gehackten Nüssen	vermischen, auf die Oberfläche streuen.
25 g Butter	in Flöckchen darauf verteilen. Auf dem Rost im Ofen backen und in der Form mit
Vanillesoße	als sättigende Nachspeise den Gästen servieren. Elektro 200°C Gas Stufe 3, unterste Schiene Backzeit 45 Minuten

Eine hessische Spezialität!
Der erste Biß beweist, daß Schwarze Magister nichts Unheimliches sind. Im Gegenteil. Diese dunkle, kalorienreiche Nachspeise ist so genüßlich wie ihre Namensspender, die mittelalterlichen Lehrer in ihren schwarzen Talaren. Sie erfanden den Magisterschmaus, der abgehalten wurde, wenn sie ihren Titel erhielten. Der Schmaus dauerte in München drei Tage, und die Glocken läuteten dazu.

Schweizer Charlotte

1 Beutel gemahlene Gelatine	in einem kleinen Topf in
4 EL Wasser	quellen lassen.
4 Eier	mit
5 EL Zucker	in einer Schüssel auf Wasserbad **mit dem Elek-**
	troquirl schaumig schlagen und **erwärmen.**
Knapp ½ l Milch	mit
1 EL Speisestärke	verrühren, nach und nach zur **Eischaummasse**
	geben, die Gelatine bei milder **Hitze auflösen**
	und in feinem Strahl unter die **Masse schlagen,**
	mit
4 EL feinem Kognak	abschmecken.
	Eine runde Charlottenform, sie **sieht der Eis-**
	bombe ähnlich, sorgfältig mit **einem Teil von**
ca. 300 g Löffelbiskuits	auskleiden. Diese mit weiteren
4 EL feinem Kognak	besprengen. Die Creme nochmals **durchrühren**
	und in die Form füllen, eventuell **noch einige**
	übrige Biskuits in die Mitte **stecken.**
	Zugedeckt über Nacht im Kühlschrank **durch-**
	ziehen lassen. Die Speise vorsichtig mit dem
	Messer vom Rand lösen, auf eine **Platte stürzen,**
	eventuell mit
Schlagsahne	bespritzen und mit
eingemachten roten Kirschen	festlich garnieren.

Ein Jammer, daß es heute diese festliche Nachspeise, die zu Zeiten unserer Großmütter
auch *Russische Charlotte* hieß, nur noch so selten gibt.

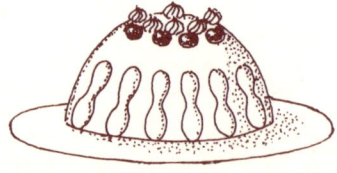

Springerle

250 g Zucker	mit
2 Eigelb	in einer Schüssel schaumig schlagen.
2 Eischnee	in einer zweiten Schüssel steif schlagen, dann die Eigelbmasse dazugeben und noch weitere 5 Minuten mit dem Elektroquirl schlagen.
1 TL feingeriebene ungespritzte	
Zitronenschale	oder zerquetschten
Anis	und
500 g Mehl	sowie
1 Msp. Pottasche,	die in
1 EL weißem Rum	aufgelöst wurde, unter die Eischaummasse kneten.

Zugedeckt den Teig eine Stunde ruhen lassen. Portionsweise gleichmäßig 1 cm dick ausrollen und in mit Speisestärke bepuderte Spezialmodel aus Holz drücken. Mindestens 24 Stunden an warmem Ort trocknen lassen, damit sich die klassischen gelben Füßchen bilden.
Beim Backen nach 10 Minuten einen Kochlöffelstiel in die Backofentür klemmen, so daß die Feuchtigkeit entweichen kann.
Elektro 125°C
Gas Stufe 1, mittlere Schiene
Backzeit 30–40 Minuten

Springerle sind fester Bestandteil jedes schwäbischen bunten Weihnachtstellers. Gelegentlich wird dieses hübsche Gebäck auch bunt bemalt an den Christbaum gehängt. In alten Kochbüchern liest man die Bezeichnung *Nürnberger Marzipan.*

Strammer Max

4 Scheiben Bauernbrot	mit
Butter	bestreichen.
4 Scheiben geräucherten, rohen	
Schinken	im Ganzen oder kleinwürfelig geschnitten dar- auflegen.
60 g Margarine	in einer Pfanne erhitzen,
8 Eier	bei nicht zu starker Hitze darin braten. Die Ränder der Spiegeleier sollten nicht bräunen. Das Weiße vom Ei mit
Salz	und
Pfeffer	würzen. Je zwei Spiegeleier auf eine Scheibe Brot legen.
1 Bund Schnittlauch	fein schneiden,
4 Gewürzgurken	in Scheiben schneiden.
4 kleine Tomaten	vierteln. Das Tellergericht damit appetitlich garnieren.

Strammer Max ist eine Spezialität, die ursprünglich in Berlin und der Mark Branden- burg entstanden ist, vielleicht wurde sie von kräftigen Arbeitern besonders geschätzt. Gegenwärtig findet man sie auch in vielen urigen rheinischen Kneipen. Ein kühles Helles ist die notwendige Ergänzung zu diesem deftigen Imbiß.

Nicht nur der Stramme Max hat seine Vorzüge, sondern auch der Blaue Max, der jedoch kaum zum Verzehr geeignet ist. Blauer Max wurde Preußens höchster Orden genannt, der Pour le Mérite. Blau war auf ihm die Farbe des Malteserkreuzes. Friedrich der Große stiftete ihn 1740. Abgeschafft wurde er nach dem 1. Weltkrieg. Die heute noch lebenden Träger erhalten von der Bundesrepublik einen Ehrensold, mit dem sie sich mehr als nur einen Strammen Max leisten können.

Sultancreme

100 g Zucker

in einem Stieltopf – ohne umzurühren – erhitzen, bis er sich gerade gelblich färbt. Erst dann rühren und bräunen lassen. Er soll eine hübsche Karamelfarbe bekommen. Sowie er diese bekommen hat, schnell in eine feuerfeste Form gießen. Die Bodenfläche muß gleichmäßig mit der braunen Zuckermasse benetzt sein.

6 Eier
4 EL Zucker
Mark von ½ Vanilleschote
½ l Milch

mit
und dem
mit dem Elektroquirl schaumig schlagen.
im Topf erhitzen, bis sich am Topfrand Blasen bilden. Die Milch darf nicht kochen! Nun die Eimasse mit dem Kochlöffel rühren und die Milch durch ein Sieb zufügen. Diese Eimilch abermals durch ein Sieb in die Auflaufform gießen.

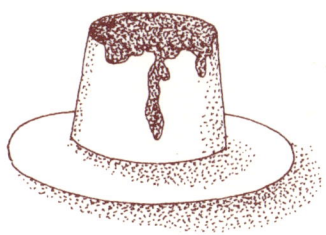

Die Form in eine größere Form, die mit etwas Wasser gefüllt wurde, stellen und auf dem Rost in den Backofen schieben. Stocken lassen, mit dem Messer die Garprobe machen. Es darf nichts mehr an der Klinge haften. Über Nacht in den Kühlschrank stellen. Dann mit einem Messer vom Rand lösen und stürzen, so daß der flüssige Karamel über die Creme läuft.

Das gleiche Rezept taucht in der französischen Küche als *Crème Caramel* und in der spanischen Küche als *Flan* auf. Wahrscheinlich ist die Süßspeise von den Arabern bei den Mittelmeervölkern eingeführt worden.
Es ist zu begrüßen, daß es die Sultancreme noch immer gibt, wenngleich der letzte Sultan in der Türkei, Mohammed VI., schon 1922 verschwand. Welchem Sultan die Creme gewidmet ist, wird ein Rätsel bleiben. Seit dem Jahr 860 gab es schließlich 37 Creme-verdächtige Sultane, wobei ›Sultan‹ klipp und klar ›Macht‹ heißt. Und sicher beherrscht die Hausfrau, die diese Süßspeise auftischt, ihre Schleckermäuler bedingungslos.

51

Trunkene Jungfern

3 Eigelb	mit
4 EL Zucker	mit dem Elektroquirl schaumig schlagen,
etwas feingeriebene ungespritzte Zitronenschale,	
70 g Mehl	und
½ TL Backpulver	unterrühren.
3 Eiweiß	zu steifem Schnee schlagen, vorsichtig unterheben. Reichlich
Öl oder Plattenfett	in einer großen Pfanne erhitzen. Mit dem Eßlöffel längliche »Jungfern« abstechen, von beiden Seiten goldgelb backen. Auf Küchenkreppapier abtropfen lassen, dann auf einer Platte im Ofen warm stellen. Für die Soße
⅛ l dunklen Rotwein	mit
2 EL Zucker,	
etwas Stangenzimt,	
1 Nelke	und
einem Stückchen ungespritzter Zitronenschale	bei schwacher Hitze bis kurz vors Kochen bringen, 5 Minuten ziehen lassen, durch ein Sieb über die heißen Jungfern gießen und sogleich als Nachspeise auftragen.

Ob diese verführerische Nachspeise als *trunkene* oder *versoffene Jungfer* bezeichnet wird, ist im Grunde einerlei. Nicht gleichgültig allerdings ist es, ob man eine trunkene Jungfer im Magen oder eine gewöhnliche Jungfer am Bein hat. Mit letzterer meint man nämlich den Holzklotz, den die Gefangenen an einer Kette in früheren Zeiten mit sich schleppten.

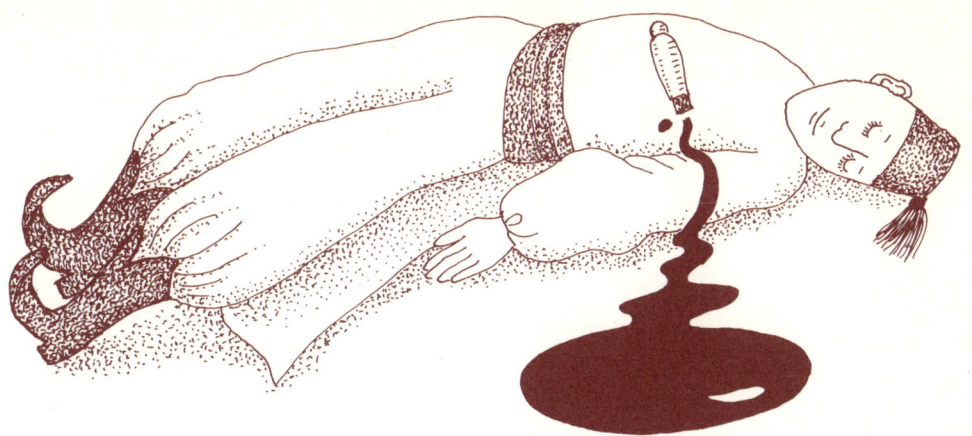

Türkenblut

1 ungespritzte Orange	mit einem scharfen Messer spiralförmig sehr dünn abschälen und in ein großes durchsichtiges Bowlengefäß geben.
1 Flasche dunklen Rotwein	darauffüllen. Zugedeckt 30 Minuten ziehen lassen. Unmittelbar vor dem Servieren
1 Flasche gekühlten Sekt	darübergießen.

Früher wurde das Türkenblut zusätzlich gezuckert und oft auch noch mit Kognak verbessert. Der besseren Bekömmlichkeit halber verzichten wir heutzutage meistens auf diese beiden Zutaten. Das Türkenblut zählt, ähnlich wie die berühmte Kalte Ente, zu den beliebtesten Sommerbowlen.

Nicht allein bei dieser Bowle, nein, bei allen Bowlen, darf man ruhigen Gewissens ›Bofle‹ sagen, nichts Englisches ist am Wort. Es kommt einfach von ›Bolle‹ und das wiederum vom italienischen ›cipolla‹, Zwiebel. Daher ist das Bowlengefäß also zwiebelförmig, und Zwiebelbowle gibt es auch.

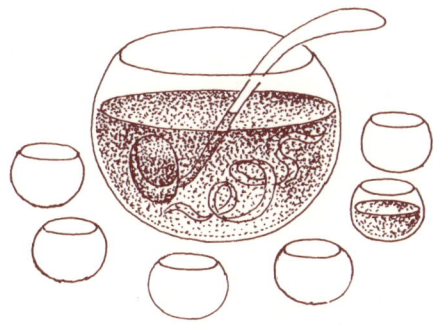

Verschleiertes Bauernmädchen

500 g Apfelmus	in eine Glasschüssel füllen.
2 Gläschen Apfelschnaps	oder
Kirschwasser	darauf verteilen.
200 g dunkles Vollkornbrot	zerbröseln und mit
40 g Butter	in einer Pfanne rösten, mit
2 EL Zucker	abschmecken und auf das Apfelmus verteilen.
¼ l Sahne	sehr steif schlagen, mit
1 EL Zucker	und
2 EL Vanillinzucker	abschmecken, über die Krümel verteilen.
6 TL Himbeergelee	in kleinen Tupfen auf der weißen Sahne verteilen.

»Bondepige med slør« ist ein dänisches Bauerngericht, das von klugen Hausfrauen erfunden wurde, die geschickt Reste aus der Speisekammer zusammenstellten. Ein zarter Kern, von der Sonne gebräunte Haut, darüber ein weißer Schleier, durch den das rote Kußmündchen hindurchleuchtet: welches Mannsbild ließe sich da nicht verführen!

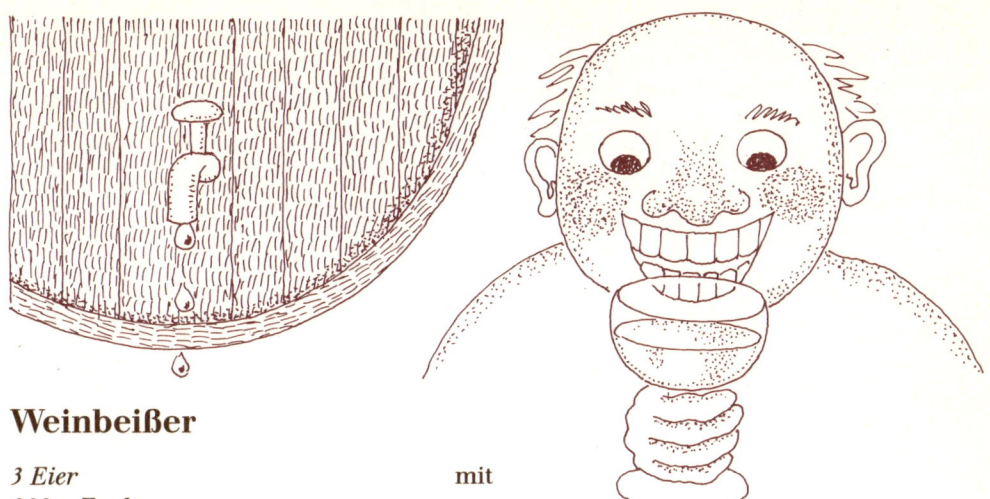

Weinbeißer

3 Eier	mit
200 g Zucker,	
2 EL Honig,	
1 Msp. Zimt	und
1 Msp. Piment	mit dem Elektroquirl schaumig schlagen,
70 g Paniermehl oder Kuchen-krümel,	
210 g Mehl	und
1 gestr. TL Hirschhornsalz,	das in 1 EL Wasser aufgelöst wurde, mit den Knethaken des Elektroquirls unter den Teig wirken. Den Teigkloß zugedeckt über Nacht im Kühlschrank ruhen lassen. Am folgenden Morgen auf bemehlter Unterlage ca. 3 mm dick ausrollen. Mit einem länglichen, an beiden Enden abgerundeten Ausstecher Plätzchen ausstechen. Auf einem mit Mehl bepuderten Blech abbakken. Dünn mit
Zuckerguß	bepinseln oder leicht mit
Puderzucker	bestäuben. Elektro 200 °C Gas Stufe 3, oberste Schiene Backzeit ca. 12 Minuten

Die Wiener Weinbeißer können auch mit braunem Rohrzucker zubereitet werden. Sie schmecken gut zu Port- oder Malagawein.

Witwenküsse

200 g Mandeln	
oder Haselnüsse	grob hacken und mit
2 EL Zucker	auf einem Blech im Backofen blaßgelb rösten, dann erkalten lassen.
4 Eiweiß	mit
150 g Zucker	in eine Schüssel geben, auf Wasserbad erhitzen und dabei fortwährend mit dem Elektrorührgerät (niedrigste Schaltstufe) schlagen. Die schaumige Masse vorsichtig mit den Mandeln oder Nüssen und wahlweise mit
80 g Zitronat,	in kleine Würfel geschnitten, oder
100 g bitterer Schokolade,	die grob gehackt wurde, vermengen.

Ein Backblech mit Blechreinpapier oder Oblaten belegen, kleine Makronen aufsetzen, diese langsam im Backofen trocknen. Damit die Feuchtigkeit entweichen kann, einen Kochlöffelstiel zwischen Herd und Backofentür klemmen.

Elektro 120°C
Gas Stufe 1, zweite Schiene von oben
Backzeit 75–90 Minuten

Vielleicht ist es gar nicht so irrig anzunehmen, daß es ein Witwenkuß war, der Franz Léhar die Melodien zur ›Lustigen Witwe‹ eingegeben hat. Seit 1905 gibt die reiche Witwe Hanna Glawari dem Grafen Danilo jedenfalls die erfolgreichsten musikalischen Witwenküsse, die so berühmt wurden, daß sogar im Opernführer steht: »Und bald nach der Premiere gab es in der ganzen Welt Lustige-Witwen-Kekse, -Cremes, -Salate, -Hüte, -Schuhe, -Zigaretten.«

Hat man vielleicht einmal einen Inder zu Gast, so könnten Witwenküsse ihn sehr irritieren, denn noch bis in unser Jahrhundert hinein wurden in Indien die Witwen zusammen mit den Leichen ihrer Männer verbrannt. Sie taten es manchmal sogar selbst: Mit einer Kokusnuß und einem Stab in den Händen, einem Blumenkranz um den Hals, einem roten Schleier über dem Gesicht, den Leichnam ihres verstorbenen Mannes über die Knie gelegt, setzten sie sich auf den Scheiterhaufen und zündeten ihn eigenhändig an.

Wilde und zahme Tiere

Bärentatzen

150 g ungeschälte Mandeln	zusammen mit
60 g bitterer Schokolade	reiben.
350 g Mehl	und
200 g Zucker	sowie die Mandeln und die Schokolade auf ein Backbrett geben.
250 g kalte Butter	in kleinen Flöckchen darauf verteilen.
Feingeriebene Schale von ½ Zitrone,	
1 TL Zimt,	
1 Msp. Nelken	und das
Mark von ½ Vanilleschote	darübergeben.

Alle Zutaten mit einem großen Messer schnell verhacken, dann rasch zum gleichmäßigen Teig verkneten. Eine Rolle formen, in gleichmäßige Stücke schneiden. Die Teigportionen dünn in sehr gut gefettete Bärentatzen-Spezialformen drücken. Kurz ins Frosterfach stellen. Dann auf dem Rost abbacken. Nach Erkalten mit einer Mischung aus

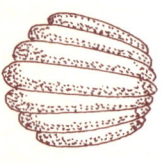 

100 g Puderzucker	und
1 Beutel Vanillinzucker	gleichmäßig bestäuben.

Elektro 180 °C
Gas Stufe 2½, oberste Schiene
Backzeit 12 Minuten

Für dieses schwäbische Weihnachtsgebäck benötigen Sie kleine Weißblechförmchen, die die Formen von Bärentatzen haben. Zur Not können Sie aber auch das Gebäck auf Blechrein-Papier abbacken.

Die Bärentatzen können auch *Hahnenkämme* heißen. Mit dieser Bezeichnung wird auf das Hahnenopfer hingewiesen, das mancherorts besonders zum Erntedankfest üblich war. Dabei wurde ein echter Hahn gebraten und aufgetischt. Wichtig war dabei, ob man einen Hahnenkamm von einem weißen oder von einem schwarzen Hahn hatte. Der weiße wehrt nämlich Unheil ab und sitzt noch heute vergoldet auf so mancher Kirchturmspitze. Der schwarze gehört dem Teufel, der eine schwarze Hahnenfeder am Hut trägt.

Bamberger Spatzen

500 g Mehl,	
3 Eier,	
⅛ l Milch	und
1 TL Salz	zu einem ziemlich festen Kloßteig verrühren.
4 Brötchen	in kleine Würfel schneiden, in
40 g Butter oder Margarine	goldbraun braten.
3 mittelgroße Zwiebeln	schälen und ebenfalls in weiterer
40 g Butter oder Margarine	braun rösten. Das Brot zum Kloßteig geben.
Wasser und Salz	zum Kochen bringen.
	Mit einem Eßlöffel Klößchen abstechen. Ohne Deckel ca. 15 Minuten leise siedend gar ziehen lassen.
3 Zwiebeln	schälen und würfeln, in
40 g Butter oder Margarine	goldbraun braten. Zum Schluß über die abgetropften heißen Klöße geben.

Bamberger Spatzen gelten als traditionelles Essen am Heiligen Abend. Dazu gibt es in Bamberg saure Linsen und gepökeltes geräuchertes Schweinefleisch, Rippchen, Kasseler Schinken oder Schweinswürstchen. Mit den schwäbischen Spätzle haben sie außer einem ähnlichen Namen nichts gemeinsam. Der Name rührt offensichtlich von der länglichen Form der Klöße her.

Blindes Huhn

250 g getrocknete weiße Bohnen	waschen und in reichlich kaltem Wasser über Nacht quellen lassen. Mit
400 g geräuchertem durchwachsenen Speck	60–90 Minuten kochen, so daß die Bohnen beinahe gar sind.
400 g grüne Bohnen	putzen, waschen, brechen.
250 g Möhren	schälen, waschen und würfeln,
750 g Kartoffeln	schälen, waschen und in Stifte schneiden.
2 saure Äpfel	schälen, vierteln, vom Kernhaus befreien und klein schneiden. Alle Zutaten an den Eintopf geben, diesen mit
Salz, Pfeffer	und
etwas Bohnenkraut	würzig abschmecken.
2 große Zwiebeln	schälen, kleinwürfelig schneiden und in
40 g Margarine	goldbraun braten. Den Eintopf nochmals abschmecken, die gerösteten Zwiebeln darauf anrichten und dampfend heiß auftragen.

Dieses traditionelle urwestfälische Eintopfgericht wird an manchen Orten auch *Gänsefutter* genannt. Sicherlich weil in früheren Jahrhunderten die Gänse mit einem Futter ähnlicher Zusammensetzung gemästet wurden.

Die zum *Blinden Huhn* nötigen weißen Bohnen stammen aus Südamerika und sind im 16. Jahrhundert nach Europa gekommen.

Daß die Bohne ehemals Bestandteil von Trauerspeisen war, schwingt noch darin nach, daß in Luxemburg der erste Fastensonntag auch *Bohnensonntag* genannt wird.

Bunte Finken

250 g getrocknete weiße Bohnen	waschen, in reichlich Wasser über Nacht quellen lassen, mit
400 g magerem Schweinebauch	60–90 Minuten vorgaren.
2 Stangen Lauch	putzen, der Länge nach aufschlitzen, waschen, in daumenbreite Stücke schneiden.
250–400 g gepökelte Bohnen	– das sind Schnippel- oder Stangenbohnen, die durch Salzbeigabe haltbar gemacht wurden, – wässern.
240 g Möhren	und
500 g Kartoffeln	schälen, waschen, würfeln. Alle Zutaten noch weitere 30 Minuten mitgaren. Den Eintopf kräftig mit
Salz, weißem Pfeffer	und
einem Schuß Essig	abschmecken. Den Schweinebauch zum Schluß etwas aufschneiden und obenauflegen. Vor dem Servieren reichlich
feingehackte Petersilie	darüberstreuen.

Bunt ist im norddeutschen Raum die Bezeichnung für reichhaltig, viel und besonders gut. In diesem Eintopf wurden offenbar mehr Zutaten verbraucht, als das gemeinhin an Werktagen üblich war. Die Bremer nennen das Gericht *Plockfinken*.

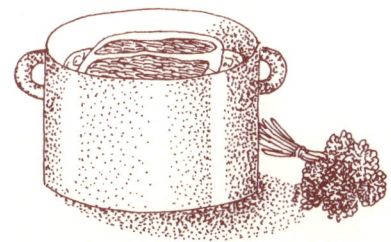

61

Giraffenspeise

70 g Butter	im Topf zergehen lassen,
170 g gesiebtes Mehl	darin anschwitzen, mit
¼ l kochender Milch	unter fortwährendem kräftigen Rühren ablö-
	schen und einen sehr dicken Brei kochen.
1 Eigelb,	
2 Beutel Vanillinzucker,	
4 EL Zucker	unterrühren. Nach und nach
3–4 Eigelb	unter den Kloßteig rühren,
3–4 Eiweiß	zu steifem Schnee schlagen und unterheben.
	Die Hälfte des Teiges mit
4 EL dunklem Kakao,	der mit
4 EL Zucker	und
4 EL Sahne	verrührt wurde, braun färben.

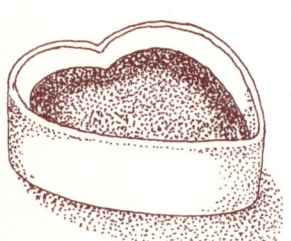

Eine Auflaufform sehr gründlich am Boden fetten, abwechselnd in mehreren Schichten hellen
und dunklen Teig einfüllen. Auf dem Rost im
Backofen garen, dabei in den ersten 35 Minuten auf keinen Fall die Backofentür öffnen.
Die Giraffenspeise darf innen nicht mehr kleb-
rig sein und wird sofort nach der Fertigstellung
mit Weinschaumsoße als warme Nachspeise
aufgetragen.
Elektro 220 °C
Gas Stufe 3½, unterste Schiene
Garzeit 45 Minuten

Für die Azteken in Mexiko wäre die schwarz-weiße Giraffenspeise ein rechter Schatz
gewesen. Der Kakao, den es zur Zubereitung braucht, galt bei ihnen als handfestes
Zahlungsmittel. Cortez, der Eroberer Mexikos, fand denn auch zwischen dem Gold
Montezumas 2½ Pfund Kakaobohnen, die er mit nach Europa brachte.
Den Kakao bezeichneten die Maya als choco, wenn man dann noch weiß, daß latl bei
ihnen Wasser hieß, dann weiß man auch, was Schokolade bedeutet.

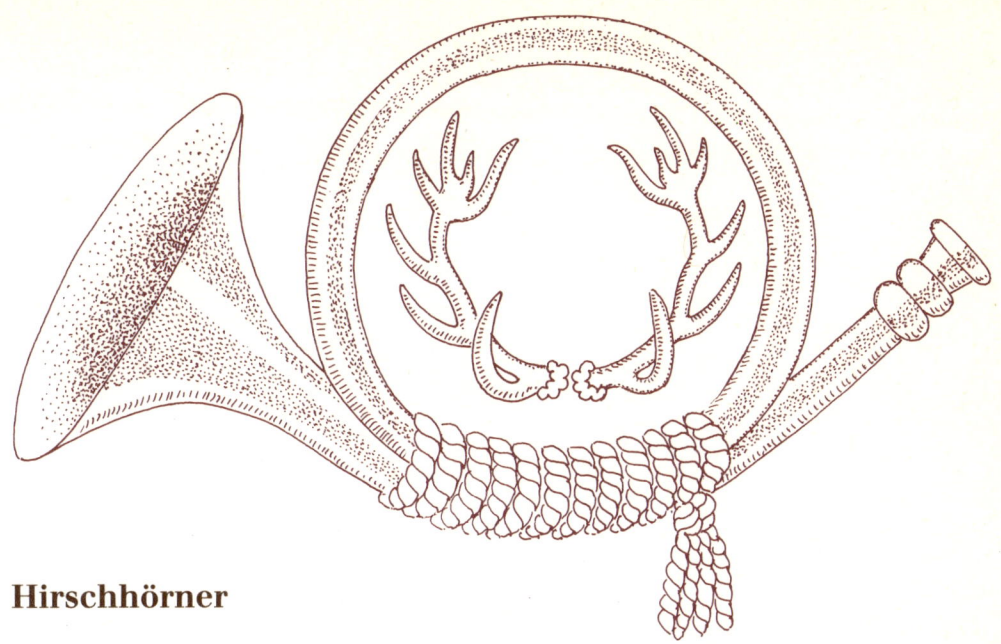

Hirschhörner

125 g Mandeln
2 Eiern,
125 g Zucker,
125 g zerlassener Butter
250 g Mehl

schälen und fein reiben, mit

und
zu einem Teig erst verrühren, dann verkneten.
Den Teig kühlen. Auf bemehlter Unterlage 3–4
mm dick ausrollen. Gut daumenbreite, etwa 7
cm lange Rechtecke ausschneiden. Diese in der
Mitte der Länge nach 5 cm tief einkerben. Die
Enden zu Spitzen zusammendrücken und nach
außen etwas auseinanderbiegen.
Auf gefettetem Backblech goldbraun backen.
Elektro 180°C
Gas Stufe 2½, oberste Schiene
Backzeit ca. 15 Minuten

Dieses mürbe Kleingebäck wurde in Niedersachsen anläßlich der großen Jagden am
Martinstag, das ist der 11. November, gebacken und darum auch als *Martinshörner*
bezeichnet.

Hummelkuchen

Aus

250 g Margarine,
200 g Zucker,
1 Beutel Vanillinzucker,
6 Eiern,
300 g Mehl,
1 Beutel Backpulver,
1 Prise Salz und
6 EL Sahne einen Rührteig herstellen.
Auf ein gut gefettetes Backblech streichen, 15 Minuten im Ofen vorbacken.
Inzwischen für den Belag

150 g Butter mit
200 g Zucker,
250 g feinblättrigen Mandeln,
4 EL Sahne und
3 EL Mehl im Topf unter Rühren 5 Minuten erhitzen.
Diese Mandelmasse vorsichtig auf die Oberfläche des halbfertig gebackenen Teiges streichen. Nochmals in den Ofen schieben und fertigbacken. Nach dem Erkalten in Quadrate von etwa 7 cm Kantenlänge schneiden.

Das Wahrzeichen Hamburgs ist der alte Wasserträger namens Hummel. In zahllosen Variationen, aus Stoff, Stein, Holz oder Porzellan, werden Hummelfiguren als Maskottchen in Hamburg verkauft. Wen wundert es, daß ein findiger Bäcker für diesen köstlichen Kuchen den Glücksbringer als Namensgeber erkor.

Igel

250 g Butter	mit
180 g Puderzucker,	
3 Eigelb,	
2 EL Rum,	
2 EL Instantkaffee	und
1 Prise Salz	am besten mit dem Elektroquirl zu einer schaumigen Buttercreme verrühren.
2 Blatt weiße Gelatine	in reichlich kaltem Wasser 10 Minuten quellen lassen, leicht ausdrücken. Die Gelatine mit dem anhaftenden Wasser bei milder Hitze auflösen und kurz vor der weiteren Verarbeitung unter die Mokka-Buttercreme rühren.
25–40 große Löffelbiskuits	bereitstellen.
	Aus 8–10 dieser Biskuits eine ovale Form auf eine Kuchenplatte legen, mit einem Teil von
¼ l starkem kalten Kaffee	leicht beträufeln. Mit Buttercreme bestreichen. Wieder eine Lage Löffelbiskuits darauflegen, diese abermals mit Kaffee beträufeln und mit Creme bestreichen, so fortfahren und dabei die Form eines Igels bilden. Den Igel außen mit der restlichen Creme bestreichen. Dafür das Messer immer wieder in heißes Wasser tauchen.
2 Kaffeebohnen	an die Stelle der Augen drücken.
150 g gestiftelte Mandeln	im Backofen rösten, den Igel damit gleichmäßig spicken. Nun den Igel leicht mit Klarsichtfolie abgedeckt über Nacht im Kühlschrank durchziehen lassen.

Dieser Igel kann auch gut von Junggesellen, die keinen eigenen Backofen besitzen, zusammengesetzt werden. Statt der Löffelbiskuits können Sie auch Biskuitreste verwerten. Natürlich kann man den Igel auch in einer ovalen Kuchenform aus einem Schokoladenrührteig backen, um ihn nachher mit Schokoladenguß zu überziehen und mit Mandeln zu spicken.

Kalbsvögerl

1 kleine Zwiebel	schälen, würfeln, in
20 g Margarine	goldgelb dünsten. Mit
100 g rohem oder gekochtem sehr fein gehackten Schinken,	
2 EL feingehackter Petersilie,	
2 EL Paniermehl,	
1 Ei,	
Salz und Pfeffer	zur pikanten Füllung vermischen.
4 dünne Kalbsschnitzel	leicht klopfen, an den Rändern in fingerbreiten Abständen 1 mm tief einkerben, mit
Salz	würzen. Die Füllung darauf verteilen, die Rouladen aufrollen und mit Hölzchen oder dickem Baumwollfaden zusammenhalten.
40 g Margarine	im dickwandigen Schmortopf erhitzen. Die Rouladen unter gelegentlichem Wenden gut braun anbraten.
½ Zwiebel	und
1 Bund Suppengrün	putzen, waschen, klein schneiden und beifügen.
1 TL Mehl	darüberstäuben. Mit
¼ l Brühe	ablöschen. Zugedeckt 20–30 Minuten weichschmoren lassen.
	Die Vögerl aus der Soße nehmen, die Baumwollfäden entfernen, die Soße durchsieben, mit
4 EL Sahne,	
1 EL Tomatenmark,	
1 EL Weißwein,	
Salz und Pfeffer	feinwürzig abschmecken.

Diese schwäbischen Kalbsvögerl, die Norddeutschen nennen sie nüchtern *Kalbsrouladen*, werden gelegentlich zusätzlich mit geschälten hartgekochten Eiern gefüllt. In diesem Fall werden sie vor dem Servieren quer aufgeschnitten.
Obwohl der Schwabe sagt »Die bratene Vögel flieget eim net ins Maul«, sieht es bei den Kalbsvögeln ganz anders aus. Sie sind ein oft in den Mund wanderndes Stammessen in Württemberg. Und auch das dortige Sprichwort »Wer den Vogel nimmt beim Schwanz, dem bleibt er weder halb noch ganz« trifft auf die völlig schwanzlosen Kalbsvögel Gottseidank überhaupt nicht zu.

Kalte Ente

1 ungespritzte Zitrone

– es sollte sich hierbei um ein besonders schönes Exemplar handeln – mit einem scharfen Messer vorsichtig so abschälen, daß die Schale in einer langen Spirale vom Stielansatz der Frucht herunterbaumelt. Sie darf aber nicht reißen. Einen Holzspieß quer durch die Frucht stecken und an beiden Enden so über den Rand eines Bowlengefäßes legen, daß die Zitronenlocke in das Gefäß hängt.

2 Flaschen gekühlten Mosel- oder Rheinwein

darübergießen.

1 Flasche gekühlten Sekt

und

evtl. ¼ bis ½ Flasche Mineralwasser

zugießen.
Ein sommerliches Bowlengetränk für heiße Abende!

Anstelle von Mokka pflegte Bismarck seinen Gästen bei festlichen Diners diese erfrischende Zitronenbowle servieren zu lassen. Die Gäste nannten sie das »kalte Ende«. Hörschwierigkeiten bewirkten die Verwandlung in die *Kalte Ente*.
Alle Bowlen haben etwas Unchristliches, denn es war der heidnische Römer Apicius, der das erste Weinmixgetränk notierte. Sein sommerlicher Urerfrischungstrank bestand aus Wein mit Rosenblättern, Fichtensprossen und Honig. Nicht jede Sommerbowle erreicht die Ausmaße der Bowle des englischen Admirals Edward Russel. Er ließ 600 Flaschen Kognak, 1100 Flaschen spanischen Wein, 600 Bouteillen Rum, vier Tonnen Wasser zusammengießen, über 2000 Zitronen hineinpressen, dazu 200 Pfund Zucker, und bewirtete damit seine 6000 Gartenfestgäste.

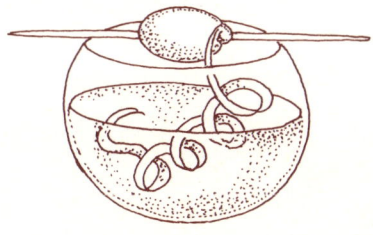

Kalter Hund

250 g Kokosfett	bei milder Hitze zergehen lassen.
2 Eier	mit
150 g Puderzucker,	
4 EL dunklem Kakao,	
1 EL Instantkaffee,	
4 EL Rum oder Kognak,	
feingeriebener Schale ½ ungespritz-	
ten Zitrone	und
1 Prise Salz	verrühren.

Das abgekühlte Kokosfett langsam in ganz feinem Strahl unter Rühren zufügen.

300 g eckige Butterkekse   bereitstellen. 6 Kekse nebeneinander auf ein
großes Stück Alufolie legen. Mit etwas Schoko-
ladenmasse bestreichen. Immer wieder eine
Schicht Kekse, dann Schokoladenmasse aufein-
andertürmen. Den Kuchen von außen mit der
restlichen Schokoladenmasse bestreichen.

50 g Pistazien   oder
geröstete gehackte Mandeln   daraufstreuen.

Das Gebäck in Alufolie einschlagen. Mindestens 24 Stunden vor dem Aufschneiden an
kühler Stelle durchziehen lassen.

Kalter Hund hat beinahe ebenso viele Namen wie es Kindergeburtstage im Jahr gibt:
Kalte Schnauze, Kellerkuchen, Kekskuchen, Zebraschnitten... Er kann sehr gut auch
schon von Kindern zubereitet werden. Im Kühlschrank hält er sich bis zu drei Mo-
naten.

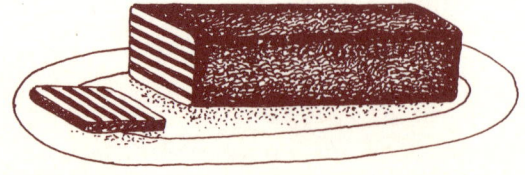

Katzenzungen

150 g Butter	mit
150 g Puderzucker	und
1 Beutel Vanillinzucker	mit dem Elektroquirl sehr schaumig rühren.
5 Eiweiß	in einer zweiten Schüssel zu steifem Schnee schlagen, abwechselnd mal Eischnee und eßlöffelweise
150 g Mehl	unter die Schaummasse ziehen.

Ein Backblech mit Alufolie oder besser noch mit Blechreinpapier belegen. Den feinen dickflüssigen Teig in einen Spritzbeutel mit glatter Tülle füllen, gleichmäßige Stangen von etwa 1 cm Breite und 8 cm Länge in ziemlich großem Abstand so aufspritzen, daß die Enden der Stangen etwas dicker sind. Achtung, der Teig läuft beim Backen ziemlich stark auseinander. Probeplätzchen backen.

Gleich nach dem Backen vom Blech oder dem Papier lösen. Das feine Gebäck ist ziemlich zerbrechlich. Sowie die Katzenzungen kalt sind, tunkt man sie zur Hälfte in

100 g geschmolzene Kuvertüre.

Elektro 220°C
Gas Stufe 3½, oberste Schiene
Backzeit 7–9 Minuten

Als *langues-de-chat* sind Katzenzungen eine berühmte Spezialität französischer Konditoren, die auch in Holland und anderswo sehr geschätzt werden.

Eine Katzenzunge kann mehr bedeuten als man denkt. Sah nämlich ein verliebtes Mädchen, daß sich neben ihr eine Katze schleckte, dann bedeutete das ein bevorstehendes Stelldichein. Und in Schwaben ging man davon aus, daß bald weiblicher Besuch kommen würde, wenn sich die Katze mit der Zunge übers Gesicht fuhr, wusch sie sich den Rücken, würde bald ein Mann zur Tür hereinkommen.

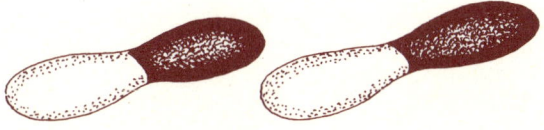

Katzengeschrei

800 g Kalbfleisch (Brust, Bug oder Schlegel)	in gut gulaschgroße Würfel schneiden. Mit
Salz	und
weißem Pfeffer	würzen. In
50 g Butter oder Margarine	anbraten, ohne zu bräunen.
2 gestr. EL Mehl	darüberstäuben, mit einem Teil von
½ l Brühe	ablöschen.
1 Lorbeerblatt	und
1 Nelke	zufügen.

Das Katzengeschrei bei milder Hitze weich-schmoren. Eventuell zwischenzeitlich noch etwas Brühe nachgießen.

2 Eigelb	mit
4 EL Sahne	und
1 EL Zitronensaft	in einer Tasse zerschlagen.

Das Fleisch von der Kochstelle nehmen und damit legieren. Noch einmal abschmecken. In eine Schüssel füllen. Einen Teil

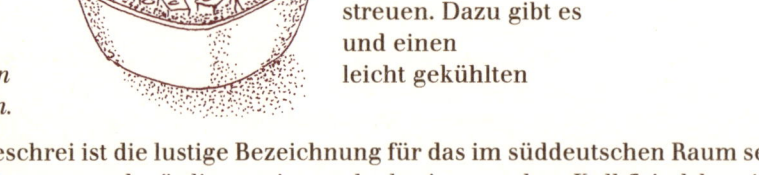

1 Zitrone	ganz dünn abschälen, die Schalen in hauch-dünne Scheibchen schneiden und darüber-streuen. Dazu gibt es
Nudeln	und einen
trockenen Weißwein.	leicht gekühlten

Katzengeschrei ist die lustige Bezeichnung für das im süddeutschen Raum sehr populäre Gericht, was merkwürdigerweise auch als *eingemachtes Kalbfleisch* bezeichnet wird. Merkwürdig darum, weil es heutzutage immer aus frischem Kalbfleisch zubereitet wird.

Daß Katzengeschrei neben einem Menü und neben jaulendem Krach auch noch wahre Musik sein kann, das hat der Komponist Gioacchino Rossini bewiesen. Für zwei Sopranstimmen schrieb er ein berühmtes Katzengeschrei-Duett mit dem Text: »Miau, Miau«.

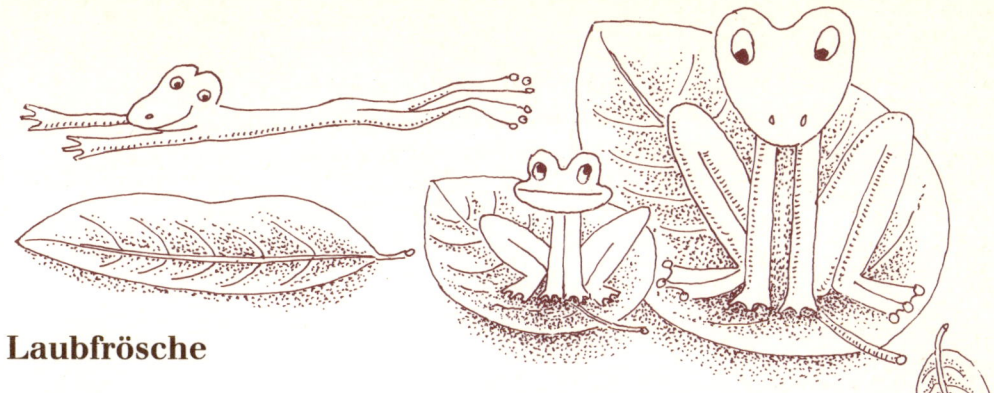

Laubfrösche

1 Brötchen	einweichen, ausdrücken, fein zerzupfen,
½ Zwiebel	schälen, würfeln, in
10 g Fett	goldbraun braten.
2 Eier	hart kochen, abschrecken, schälen, würfeln.
250 g Reste von Suppenfleisch, Bra-	
ten oder Schinken	sehr fein hacken.
	Alle diese Zutaten mit
1 Ei,	
1 EL gehackter Petersilie,	
Salz und Pfeffer	zum gut gewürzten Fleischteig vermengen.
20–30 kräftige große Spinatblätter	mit kochendem Wasser übergießen.
	Je 2–3 Blätter nebeneinander legen, etwa 2 EL
	Füllung daraufgeben. Die Ränder seitlich ein-
	schlagen, dann die Laubfrösche ähnlich wie
	Kohlrouladen behutsam aufrollen.
40 g durchwachsenen geräucherten	
Speck	in Würfel schneiden, in
20 g Margarine	glasig braten, dann die Laubfrösche in die
	Pfanne legen. Nach etwa 10 Minuten knapp mit
Fleischbrühe	bedecken. 20 Minuten schmoren lassen. Dann
	die Soße mit
4 EL saurer Sahne	abschmecken.

Das malerische Bietigheim am Neckar gilt als Hochburg dieser schwäbischen Spezialität.

Die Wetterregel »Wenn die Laubfrösch knarren, so magst Du auf den Regen harren«, scheint ein bißchen älter zu sein als diese Spezialität aus Bietigheim bei Ludwigsburg, die keineswegs knarren, sondern munden sollte: Das älteste schriftlich überlieferte Laubfroschrezept stammt aus dem Jahr 1734.

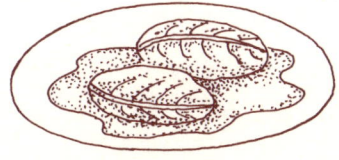

Mäuse

25 g Hefe	mit
¼ l Milch,	
3 EL Öl,	
1 Ei,	
3 EL Zucker	und
1 Prise Salz	mit dem Knethaken des Elektroquirls zur gleichmäßigen Masse verschlagen. Nach und nach
500 g Mehl	bei niedriger Schaltstufe darunterkneten. Zugedeckt diesen Hefeteig mindestens 1 Stunde an warmer Stelle gehen lassen. Probieren Sie es, es ist gar nicht unbedingt erforderlich, zu Beginn ein Hefestück anzusetzen.
Fritieröl	auf 200°C erhitzen, so daß von einem hineingehaltenen Kochlöffelstiel kleine Bläschen aufsteigen. Mit einem Eßlöffel ovale Teigmäuse abstechen. Jeweils 3–4 davon nach und nach in heißem Öl schwimmend goldbraun backen. Die kleinen Schwänze des Gebäcks sind dabei recht typisch. Auf Küchenpapier gut abtropfen lassen. Einige
geschälte Mandeln	flach halbieren und als Öhrchen hineinstecken. Mit
feinem Zucker	überstreut machen sie groß und klein Freude.

Mäuse werden häufig in der Silvesternacht, aber auch in der Faschingszeit als Beigabe zum Wein gebacken. Man betrachtet sie allgemein als Glücksbringer.

Ochsenaugen

60 g Butter

in einer großen kunststoffbeschichteten Pfanne bei schwacher Hitze schmelzen lassen.

8 frische Eier

vorsichtig aufschlagen und nacheinander in die Pfanne gleiten lassen, dabei aufpassen, daß das Eigelbhäutchen nicht reißt.
Bei sehr milder Hitze langsam stocken lassen, ohne daß das Eiweiß braun wird und verhornt. Verhorntes Eiweiß ist nämlich unverdaulich und liegt darum schwer im Magen. Sorgfältig das Eiweiß salzen. Wenn Sie das Eigelb mit Salz bestreuen, entstehen häßliche Flecken darauf. Möglichst schnell servieren.

Natürlich haben Sie, liebe Leser, gleich erkannt, daß es sich bei diesen Hamburger Ochsenaugen um das Gericht handelt, was gemeinhin als Spiegeleier bezeichnet wird. Dennoch hoffen wir, daß unsere ausführliche Beschreibung sie beflügelt, in Zukunft wirklich meisterhafte Spiegeleier zu braten.

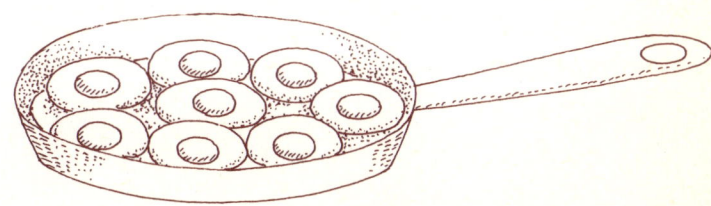

Regenwürmer

250 g Mehl	auf ein Backbrett geben.
1 Ei,	
1 EL Sahne,	
1 Msp. Salz	und
4 EL Wasser	in eine Vertiefung in der Mitte des Mehls geben.

Aus den Zutaten einen glatten Teig kneten, diesen zur Rolle formen. Die Rolle etwas flachdrücken, dünne Scheibchen abschneiden. Auf bemehlter Unterlage zu bleistiftdicken Würmern rollen. 30 Minuten trocknen lassen.

1 l Milch	zum Kochen bringen, die Würmer darin 5 Minuten vorgaren. In einer feuerfesten großen Backform
100 g Butter	mit
3 EL Zucker	erhitzen, die abgetropften Regenwürmer hineingeben und im Backofen etwa 30 Minuten backen. Zwischendurch immer wieder etwas von der heißen Milch nachgießen, damit die Regenwürmer schön feucht bleiben und eine gute Kruste bekommen. Vor dem Anrichten mit
Zucker,	der mit
1 Beutel Vanillinzucker	vermischt wurde, bestreuen. Dazu gibt es säuerliches Kompott.

Heute werden Regenwürmer als Nachspeise in traditionsbewußten bayerischen Haushalten immer noch gerne gegessen. In früheren Zeiten kannte man Süßspeisen als Dessert nur in der höfischen Küche. Die Bauern aßen derartige Mehlspeisen zu den Fastenzeiten, an Freitagen, zwischen Fastnacht und Ostern und im Advent, dann aber als Hauptgericht. Da die richtigen Regenwürmer den Boden lockern, galt diese Speise als glücksbringendes Gericht.

Rehrücken

100 g bittere Schokolade	und
50 g ungeschälte Mandeln	fein reiben.
150 g Butter	mit
150 g Zucker	und
6 Eigelb	mit dem Elektroquirl schaumig rühren.
6 Eiweiß	in einer zweiten Schüssel zu steifem Schnee schlagen. Abwechselnd Eischnee, Schokolade-Mandelmasse sowie
60 g Mehl	und
60 g Paniermehl	unter die Eischaummasse rühren. Eine Rehrückenform von 28 cm Länge sehr gut fetten und ausbröseln. Den Teig hineingeben, auf dem Rost langsam backen. Unbedingt die Garprobe mit dem Hölzchen machen. Vorsichtig aus der Form lösen. Erkaltet zunächst mit
200 g durchgesiebter Aprikosenkonfitüre	bestreichen.
200 g Kuvertüre	auf Wasserbad schmelzen und über den Kuchen gießen.
50 g Mandelstifte	gleichmäßig so in den Kuchen spicken, daß die Hälfte der Stifte noch herausschaut. Erst am folgenden Tag in fingerdicke Scheiben schneiden.

Elektro 175 °C
Gas Stufe 2½, unterste Schiene
Backzeit 50–60 Minuten

Die k.u.k.-Monarchie war berühmt für ihre Torten und Kuchen; mit diesem Rehrücken versuchte ein findiger Zuckerbäcker des Kaisers seinen Herrn über eine mißlungene Jagd hinwegzutrösten. Die Spezial-Rehrückenform ist ähnlich wie das Fleischstück geformt. Die Mandelstifte gelten symbolhaft für die Speckstreifen.

Schnecken

300 g Mehl	mit
1 Beutel Backpulver	in eine Schüssel sieben.
150 g trockenen Magerquark,	
6 EL Öl,	
4 EL Zucker,	
1 Beutel Vanillinzucker	und
3–6 EL Milch	hinzufügen.

Alle Zutaten mit dem Elektroquirl – dabei die Knethaken einsetzen – zum glatten Teig verarbeiten. Diesen zum Schluß noch etwas mit der Hand durchkneten. Auf bemehlter Unterlage zum Rechteck 25–30 cm ausrollen. Mit

4 EL Dosenmilch	bestreichen.
4 EL Zucker,	
4 EL Sultaninen,	
4 EL Korinthen,	
4 EL gewürfeltes Zitronat,	
4 EL gehackte Nüsse oder Mandeln	mischen und daraufstreuen.

Den Teig von der schmalen Seite her zur Rolle aufrollen. Mit einem scharfen Messer in daumenbreite Scheiben schneiden, diese auf gefetteten Blechen schön braun backen.
Elektro 200 °C
Gas Stufe 3, zweite Schiene von oben
Backzeit ca. 30 Minuten

Schnecken werden gelegentlich auch von zwei Seiten aus aufgerollt und als *Brillenschnecken* bezeichnet. Sie werden zumeist aus Hefeteig gebacken. Dieser Quark-Ölteig ist besonders praktisch: Er ist schnell zubereitet, gesund, und das Gebäck schmeckt gut und hält sich lange frisch.

Schweinsöhrchen

1 Paket Tiefkühlblätterteig

auftauen. Auf bemehlter Arbeitsplatte zu einem großen Rechteck von ca. 8 x 18 cm ausrollen. Mit

4 EL grobem Zucker

bestreuen, den Zucker mit dem Rollholz leicht in den Teig drücken. Den Teig von den schmalen Seiten her beiderseitig locker zur Mitte hin aufrollen. Wenn Sie den Teig zu fest aufrollen, wölbt sich das Gebäck später auf dem Backblech.

Die Rolle in den Kühlschrank legen und sehr gut kühlen. Mit einem sehr scharfen Messer in gut ½ cm dicke Scheiben schneiden. Nicht zu dicht nebeneinander auf ein mit Wasser benetztes Backblech legen.

Goldbraun backen, der herauslaufende Zucker muß leicht karamelisieren. Vorsichtig vom Backblech lösen, auf einem Rost auskühlen lassen.

Erkaltet als Kaffeegebäck reichen.

Schweinsöhrchen können auch ganz klein als Teegebäck abgebacken werden. Die großen Schweinsohren erfordern geringen Arbeitsaufwand und sind preiswert.

In Österreich werden Schweinsöhrchen *Palmiers,* also Palmzweige genannt. In anderen Kochbüchern heißen Schweinsöhrchen auch *Brillen.*

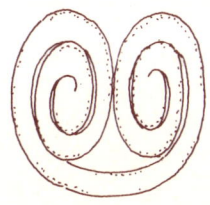

Spatzen

250 bis 300 g Mehl
2–3 EL Grieß
3 kleinen Eiern,
½ TL Salz
ca. ⅛ l Wasser

evtl. zum Teil durch
ersetzen. Mit

und
in einer Teigschüssel mindestens 10 Minuten
kräftig zu einem zähen, sehr dickflüssigen Teig
verschlagen.
Mit einem Geschirrtuch zudecken und etwa 20
Minuten quellen lassen.
In einem großen Topf Salzwasser bis kurz unter
den Rand füllen und zum Kochen bringen. Nun
den Teig portionsweise mit Hilfe einer Spätzle-
mühle, Reibe, Presse oder nach alter Tradition
mit Hilfe eines Spätzlebrettchens und eines
großen Schabers in das kochende Wasser geben. Je nach Art des Gerätes entstehen runde
oder unregelmäßig länglich geformte Spätzle.
Mit der Schaumkelle immer wieder herausnehmen, im kalten Wasser abschrecken, auf einem
Seiher abtropfen lassen.
Kurz vor dem Servieren in einer großen Pfanne
in

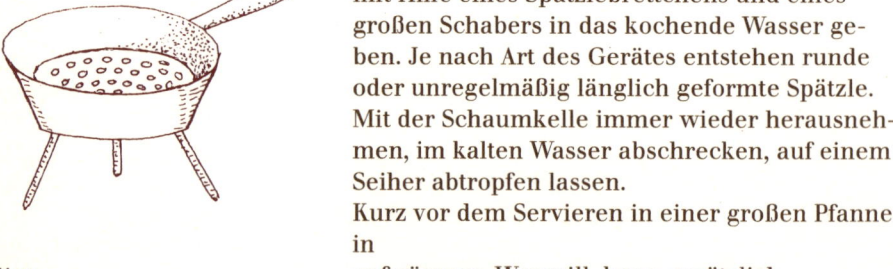

40 g Butter
geröstete Zwiebelwürfel

aufwärmen. Wer will, kann zusätzlich
zum Schluß über die Spätzle geben.

Was für den Chinesen die Glasnudel, den Inder der Reis, den Preußen die Kartoffel, den
Italiener die Nudeln, das sind die *Spätzle* für den Schwaben. Sie sind fester Bestandteil
vieler schwäbischer Gerichte.
Wie ungeheuerlich beliebt die Spätzle in Schwaben sind, beweist das Sprichwort »Ein
Spätzle ist meh wert in der Pfann als 100 Taube uf'm Dach.« Sogar richtige Spätzler gibt
es dort in Schwaben; das sind jedoch keine Spätzle-Fanatiker; denn eigentlich ist ein
Spätzler ein durchlöcherter, auf drei hohen Füßen stehender Blechnapf, der zum
Spatzenmachen benutzt wird.

Spiegelkarpfen

1 Spiegelkarpfen
(2½–3 kg)

vorsichtig ausnehmen. Dabei das Äußere nach Möglichkeit nur wenig und immer mit nassen Händen anfassen, damit die zarte Schleimhaut nicht zerstört wird. Den Karpfen in Schwimmstellung auf eine feuerfeste Platte setzen. Damit er besseren Halt bekommt, einige rohe geschälte

Kartoffeln
in den offenen Bauch schieben.

⅛ l Weißweinessig
mit

⅛ l Wein,
1 Lorbeerblatt,
1 Nelke,
1 TL Senfkörner,
1 TL Pfefferkörner
und

2 Wacholderbeeren
kurz aufkochen und heiß sorgfältig so über den Fisch gießen, daß die Haut lückenlos damit benetzt wird.
10 Minuten in Zugluft stellen. Den Fisch locker mit einem großen Stück Alufolie umhüllen, so daß die Folie den Fisch möglichst nicht berührt. Den Folienrand unten an der Platte anlegen. Einige Löcher einstechen, damit der Dampf entweichen kann. Den so vorbereiteten Karpfen auf einen Rost in den Backofen schieben. Bei dieser Zubereitungsart laugt der Fisch überhaupt nicht aus. Etwa 40 Minuten backen. Vor dem Servieren den übrigen Fischsud mit Küchenpapier von der Platte tupfen. Die Platte mit

Zitronenachteln
und

krauser Petersilie
garnieren.

Karpfen schmecken zwischen Oktober und April am besten. Traditionsgemäß werden sie am 24. Dezember gegessen, da dies der letzte Tag der vorweihnachtlichen Fastenzeit war. Spiegelkarpfen, die besonders groß und schmackhaft sind, gelten als klassisches Silvestergericht. Wer heimlich drei Schuppen in seinen Geldbeutel steckt, wird im darauffolgenden Jahr niemals in Geldnöten sein.

Stockfisch

250 g Stockfisch	drei Tage vor dem Verzehr eine halbe Stunde mit Wasser bedeckt aufweichen lassen. Mit einem hölzernen Hammer erst mäßig, dann derber klopfen, bis das Gewebe mürbe wird. Es darf aber nicht zerfetzt werden. Abwechselnd mit
50 g Pottasche	und reichlich Wasser in einem Steintopf an kühler Stelle 48 Stunden stehen lassen. Dann den Fisch putzen und bis zum folgenden Tag wässern. Auf die Mitte eines Geschirrtuchs einen alten Teller stellen, darauf die Fischstücke legen, das Tuch kreuzweise zusammenbinden. Wasser mit

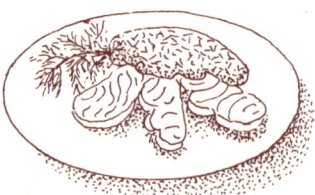

Salz, Pfefferkörnern, *1 Zwiebel,* *1 Lorbeerblatt,* *1 Nelke,* *1 Bund Suppengrün,* *etwas Zitronenschale* *2 EL Essig*	und in einen Topf geben. Den im Geschirrtuch eingeknoteten Stockfisch darin zum Kochen bringen und langsam garen. Mit
Dill- oder Senfsoße	auftragen.

Stock- oder *Klippfisch* wird vornehmlich an der norwegischen Küste durch Trocknen von Kabeljau gewonnen. Die Fische werden an Stöcken zum Trocknen in den Seewind gehängt. Durch die Tiefkühlung hat der Stockfisch zwar bei uns an Bedeutung verloren, wird aber heute noch in Portugal und in Spanien von der Bevölkerung sehr geschätzt. Eine wahrhaft fürstliche Speise. Satt an allen Ragoûts und Pasteten schrieb nämlich sogar die durch ihre originale Ausdrucksweise berühmte Schwägerin des Sonnenkönigs, Liselotte von der Pfalz, aus Versailles heißhungrig nach Deutschland: »Ich esse nichts liebers als Kohl, Sauerkraut und Stockfische.«

Storchennester

1 altes Brötchen	in reichlich Wasser einweichen, ausdrücken und fein zerrupfen.
1 mittelgroße Zwiebel	schälen, in sehr kleine Würfelchen schneiden, in
10 g Margarine	in der Pfanne goldgelb rösten.
400 g Hackfleisch (halb Rind, halb Schwein)	mit den oben genannten Zutaten, sowie
1 Ei,	
Salz, Pfeffer	und
2 EL feingehackter Petersilie	zu einem glatten Fleischteig sehr gut vermischen.
4 Eier	6–7 Minuten kochen, abschrecken und schälen, den Fleischteig in 4 Portionen teilen und die Eier sorgfältig so damit umhüllen, daß keinerlei Nahtstellen zu sehen sind. Sonst würde während des Bratens der Fleischteig sich vom Ei lösen.
40 g Margarine	oder
4 EL Öl	in einer Pfanne erhitzen, die Fleischlaibchen darin unter häufigem Wenden bei nicht zu starker Hitze in ca. 15–20 Minuten von allen Seiten braun braten. Herausnehmen. Quer halbieren. Den Bratenfond mit
1 EL Mehl	bestäuben, mit
⅛ l Brühe	und
4 EL süßer oder saurer Sahne	ablöschen und getrennt als Soße dazureichen.

Die Engländer bezeichnen das gleiche Gericht als schottische Eier. Andererseits verstehen die Österreicher unter Storchennestern ein Gebäck, das mit dem in diesem Buch verzeichneten Gebäck *Schneeballen* identisch ist.

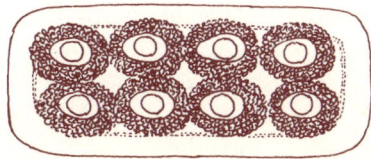

Tigerkuchen

250 g Butter oder Margarine	mit
4 Eiern,	
200 g Zucker,	
1 Beutel Vanillinzucker	und
1 Prise Salz	mit dem Eletroquirl schaumig rühren.
450 g Mehl	mit
1 Beutel Vanille-Puddingpulver	und
1 Beutel Backpulver	mischen, sieben und abwechselnd mit
2 EL Rum	und
ca. ⅛ l Milch	zur Eimasse fügen.
	Der Teig soll schwerreißend vom Löffel fallen.
	Gut ⅓ des Teiges mit
3 EL dunklem Kakao,	
3 EL Zucker	und
3 EL Milch	dunkel färben.
	Eine Napfkuchenform großzügig mit
Butter	bepinseln und mit
Paniermehl	ausschwenken. Abwechselnd erst hellen dann
	dunklen, dann wieder hellen Teig einfüllen.
	Durch wellenartige Bewegung mit der Gabel
	die beiden Teigarten leicht miteinander ver-
	mengen.
	Auf dem Rost abbacken, unbedingt mit einem
	Hölzchen die Garprobe machen.
	Den abgekühlten Kuchen entweder mit
Puderzucker	bestäuben oder mit
200 g zerlassener Kuvertüre	überziehen.
	Elektro 200 °C
	Gas Stufe 3, unterste Schiene
	Backzeit 60–70 Minuten

Tigerkuchen wird sehr häufig auch als *Marmorkuchen* bezeichnet und erfreut durch seine hübsche Färbung und seinen guten Geschmack groß und klein.
Ob Kuchen oder sonst etwas, kaum aufzuzählen sind die gestreiften Sachen, denen der Tiger seinen Namen leihen muß, die Tigerlilie – ferraria pavonia, der Tigeriltis – mustela sarmatica, das Tigerkraut – tigridis flos, die Tigermuschel – venus tigrana, die Tigerraupe – larva variegata, die Tigerschlange – python tigris. Der kuchenus tigerus scheint in dieser Familie noch das Appetitlichste zu sein.

Tintenfisch

4 tiefgekühlte oder frische Tinten-
fische (Calamari)

eventuell auftauen lassen. Die Augen und Tin-
tensäcke herausschneiden. Vorsichtig den inneren Hornteil herauslösen. Gründlich waschen.
In fingerbreite Scheiben schneiden. Mit

Essig

beträufelt beiseite stellen.
Für den Ausbackteig

200 g Mehl
1 Ei,
½ TL Salz
knapp ¼ l Bier, Mineralwasser oder
Wasser

mit

und

zu einer dickflüssigen Masse verschlagen.
Die Tintenfische abtropfen lassen, mit Küchenpapier trocken tupfen, mit

Salz
Mehl

würzen, leicht mit
bestäuben, dann im Ausbackteig wenden. Portionsweise in reichlich heißem

Öl

goldbraun ausbacken. Gut abtropfen lassen.
Mit

krauser Petersilie
Zitronenvierteln

und
garniert sogleich auftragen.

Diese fritierten Tintenfische werden sehr oft als Calamari à la Romana in Italien oder
Spanien serviert. Neben diesen weißen zarten Tintenfischen werden im Mittelmeer
auch die oft etwas zähen achtarmigen Pulpos, die ebenfalls als Tintenfische bezeichnet
werden, gefangen. Beiden Tintenfischarten ist eines gemeinsam: Im Inneren ihres
Bauches beherbergen sie eine Blase mit schwarzer »Tinte«, die sie in Notfällen entlee-
ren, um ihren Feinden die Sicht zu nehmen.

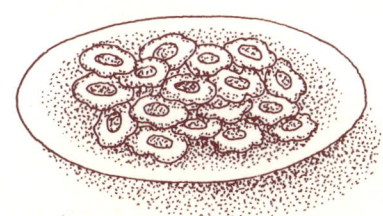

Verlorene Eier

2 l Wasser	mit
3 EL Salz	und
⅛ l Weißweinessig	zwei Minuten kochen lassen. Nacheinander
4 tagesfrische Eier	jeweils in eine Tasse oder eine ausgespülte
	Schöpfkelle schlagen und vorsichtig aus ge-
	ringster Höhe in das nun leise siedende Wasser
	gleiten lassen. Etwa 4 Minuten leise kochen
	lassen. Vorsichtig mit der Schaumkelle heraus-
	heben, mit
Salz	bestreuen. Auf
4 Toastscheiben	anrichten und mit
Tomatensoße	überziehen.

Verlorene Eier können, da sie ihre schützende kalkhaltige Umhüllung verloren haben, nur aus ganz frischen Eiern, deren Eiweiß fest zusammenhält, zubereitet werden. Die französische Küche kennt sie als *pochierte Eier.* Sie werden auch zu Spinat und Kartoffelpüree mit feiner Béarner Soße oder Käsesoße serviert.

Wespennester

250 g Mandeln	ungeschält der Länge nach in Stifte schneiden, mit
4 EL Zucker	in einem dickwandigen Topf unter fortwährendem Rühren goldgelb rösten, beiseite stellen und auskühlen lassen.
100 g bittere Schokolade	fein reiben,
4 Eiweiß	zu steifem Schnee schlagen,
180 g Zucker	kurz darunterschlagen, nun die Mandelstifte, Schokolade,
1 Msp. Zimt	sowie das
Mark ½ Vanilleschote	mit einem Eßlöffel unter die Eischaummasse heben.

Ein Backblech mit Blechreinpapier oder Oblaten belegen. Mit Hilfe von zwei Teelöffeln kleine Häufchen aufsetzen.
Während des Backens einen Kochlöffelstiel zwischen Backofen und Tür klemmen, damit die Hitze keinesfalls zu stark ist und die Feuchtigkeit entweichen kann. Das Gebäck soll innen noch etwas weich sein.
Elektro 125°C
Gas Stufe 1, mittlere Schiene
Backzeit 20–30 Minuten

Der Reiseschriftsteller Weber wußte schon 1826 in seinem Buch ›Deutschland‹ von der Wertschätzung der Wespennester zu berichten: »Cartoffel gibt der Baier lieber seinen Schweinen, und zieht Knötel, Dampfnudel, Wespennester, Bauchstecherl und fette Mehlspeise vor.«
Der Genuß von Wespennestern muß als unvereinbar mit dem Besitz von Wespentaillen gelten. Die schmalste, geschnürte Taille in der Damenmode war vor 3500 Jahren auf Kreta der letzte Schrei, dann wieder am spanischen Hof. Ab 1900 wurde dieses elegante Korsett scharf bekämpft, und die Damen im schlaff herunterhängenden Reformkleid konnten sich hemmungslos von der Taille auf das Nest verlegen.

Wolfszähne

250 g Butter	mit
250 g feinem Zucker	und
4 Eiern	am besten mit dem Elektroquirl gut schaumig rühren, das
Mark einer Vanilleschote	sowie
250 g gesiebtes Mehl	unterrühren.

Eine Wolfszahnform ist eine Spezialkuchen-
form, die etwa 20 x 30 cm groß ist und deren
Bodenblech zickzackartig, wie aus der Zeichnung ersichtlich, gefaltet ist. Sehr großzügig
mit Butter ausfetten. In die Mitte einer jeden
Vertiefung einen Teelöffel Teig geben.
Zunächst einige Probeplätzchen backen. Der
Teig soll während des Backens zu den beiden
Enden hin spitz auslaufen. Läuft er zu stark
aus, müssen Sie noch etwas Mehl an den Teig
fügen. Das noch heiße Gebäck sogleich mit
dem Messer aus der Form lösen.

200 g Kuvertüre in einem hohen Gefäß im Wasserbad schmelzen lassen. Die Wolfszähne zur Hälfte hinein-
tunken, abtropfen lassen.

Elektro 180 °C
Gas Stufe 2½, mittlere Schiene
Backzeit ca. 10 Minuten

Dieses Kleingebäck besticht durch seinen vorzüglichen Geschmack und seine aparte
Form, für die der Konsument, da er die dafür notwendige Metallform meistens nicht
kennt, wohl kaum eine rechte Erklärung finden wird.
Es könnte Reinigungskosten verursachen, wenn man den schwäbischen Aberglauben
mißversteht, daß einen ein Wolfszahn in der rechten Hosentasche beim Wandern nicht
müde werden läßt.

Querschnitt

Aus der Pflanzenwelt

Apfel im Schlafrock

250 g Mehl	mit
1 TL Backpulver	und
1 Prise Salz	auf das Backbrett sieben, in die Mitte des Berges eine Mulde drücken.
65 g Zucker	und
1 Ei	in die Vertiefung geben.
125 g sehr kalte Butter	oder
Margarine	in Flöckchen auf dem Mehlrand verteilen. Die Zutaten mit einem großen Messer verhacken, dann rasch zum Mürbteig verkneten. In Plastik eingeschlagen in den Kühlschrank stellen.
4 Äpfel	schälen, ausbohren und mit insgesamt
4 EL Sultaninen	und
2 EL gehackten Nüssen	füllen.

Portionsweise den Teig nicht zu dünn ausrollen. Quadrate von etwa 16–18 cm Kantenlänge ausschneiden, jeweils einen Apfel darauflegen, die vier Teigzipfel in der Mitte über den Apfel zusammenschlagen.

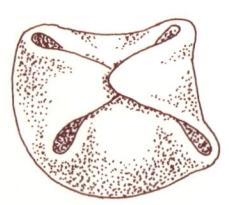

1 Eigelb	und
1 EL Milch	verquirlen, die Teigumhüllung damit sorgfältig bepinseln.

Nach dem Backen mit Puderzucker bestäuben.
Elektro 200 °C
Gas Stufe 3, mittlere Schiene
Backzeit ca. 30 Minuten

Apfel im Schlafrock kann warm mit Weinschaumsoße als Nachspeise, kalt als Gebäck gereicht werden. Statt mit Mürbeteig können Sie das Gebäck auch aus Tiefkühl-Blätterteig oder Quarkölteig (Rezept siehe S. 76) herstellen. Sorgfältig verpackt eignen sie sich vorzüglich zum Gefrieren.
Ein Apfel in Schlafmütze wäre etwas viel Spezielleres als ein Apfel im Schlafrock, denn es gibt vielerlei Speisen im Schlafrock, was nichts anderes meint, als daß sie mit der Fruchtschale zubereitet werden, also noch ganz angezogen.

Baumstamm

3 Eier,	
3 EL Wasser	und
150 g Zucker	mit dem Elektroquirl so lange schlagen, bis eine weiße schaumige Masse entsteht.
120 g Mehl	mit
1 gestr. TL Backpulver	vorsichtig mischen und auf die Eischaummasse sieben.

Ein Backblech mit Blechreinpapier belegen, an der vorderen Seite einen Falz drücken. Den Teig darauf gleichmäßig verteilen, ohne daß die Luft herausgerührt wird. Den Backofen unbedingt vorheizen.

Nach dem Backen schnell auf ein mit

Zucker

bestreutes Geschirrtuch stürzen, das Papier abziehen, ein zweites nasses Geschirrtuch auf den Kuchen legen und diesen rasch zur langen Rolle aufwickeln.

Für die Buttercreme

250 g weiche Butter   mit
150 g Puderzucker,
3 Eigelb,
3–4 EL dunklem Kakao   und
1 EL Rum   mit Hilfe des Elektroquirls sehr schaumig verrühren.

Die erkaltete Biskuitrolle vorsichtig aufwickeln, dünn mit Creme bestreichen und wieder zusammenrollen. Obenauf die restliche Creme streichen. Eine Gabel durchziehen, damit ein Borkenmuster entsteht.

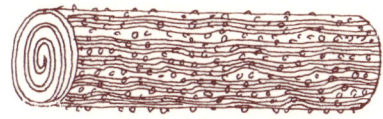

2 EL geschälte gehackte Pistazien   als Garnitur darüberstreuen.

Bis zum Verzehr kühlen.

Elektro 200 °C
Gas Stufe 3, oberste Schiene
Backzeit ca. 12–15 Minuten

Baumstamm, im norddeutschen Raum auch *Bismarckeiche* genannt, ist französischen Ursprungs. Als *Bûche du Noël* ziert er in Frankreich traditionsgemäß den weihnachtlichen Kaffeetisch. Die Spanier nennen das gleiche Gebäck *Brazo de gitano*, was soviel wie *Arm des Zigeuners* heißt – möglicherweise, weil die Zigeuner so baumstark sind?

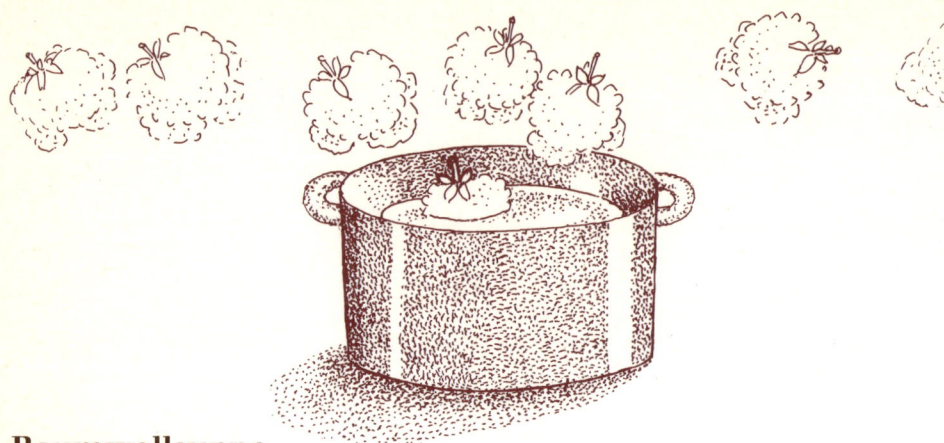

Baumwollsuppe

25 g Butter	mit
1 Ei,	
2 EL Mehl,	
1 EL Sahne,	
Salz und feingeriebener Muskatnuß	in einem kleinen Gefäß mit dem Elektroquirl gut verrühren, so daß sich alle Zutaten gleichmäßig vermischen.
	Dabei nur einen Quirl in die Maschine setzen.
1 l gute Fleischbrühe	mit
2 EL Sherry	zum Kochen bringen.
	Den Teig unter Rühren in die wallende Brühe einlaufen lassen. Sobald die Suppe einmal aufkocht, kann sie abgeschmeckt und serviert werden.
Feingeschnittenen Schnittlauch	darüberstreuen.

Die Pointe dieser an sich nichtssagenden Suppe, die ein wenig nach in Wasser schwimmender Baumwolle oder Watte aussieht, ist ohne Zweifel die Sherrybeigabe. Sherry ist aus der englischen Verballhornung der spanischen Stadt »Jerez« entstanden. In den dortigen Lagerhallen, den Bodegas, befinden sich in riesigen Eichenfässern ungefähr 300 Millionen Liter des beliebten Südweins. Und da die Fässer nicht verschlossen werden dürfen, verdunsten jährlich rund 15 Millionen Liter, die sich wie ein Schleier über die Stadt legen.

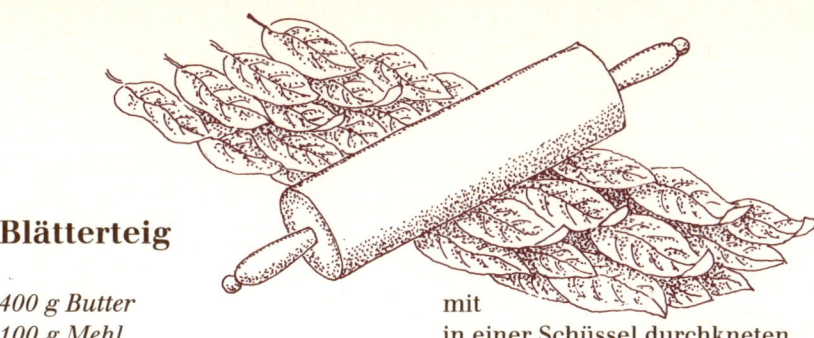

Blätterteig

400 g Butter	mit
100 g Mehl	in einer Schüssel durchkneten. Einen rechteckigen Ziegel von ca. 2 cm Höhe auf Alufolie formen und über Nacht im Kühlschrank durchkühlen lassen.
400 g Mehl	mit
½ TL Salz,	
1 Eigelb,	
1½ EL Weißweinessig,	
1 EL Rum	und
100 g Butter	zu einem Teig vermengen.

Rechteck formen, ebenfalls durchkühlen. Auf bemehlter Unterlage den Teig ausrollen, das kalte Butterstück darin einschlagen, wiederum ausrollen, den Teig zur Drittelgröße zusammenschlagen, kühlen. Anschließend noch zweimal den Teig ausrollen, zum Drittel zusammenlegen. Zwischendurch immer wieder kühlen. Blätterteig soll immer mit einem scharfen Messer geschnitten werden. Beim Bepinseln mit darauf achten, daß die Teigränder nicht durch herunterlaufendes Eigelb verkleben.

Bei ziemlich hoher Temperatur auf einem mit Wasser benetzten Blech abbacken.

Wenn Sie die drei- oder vierfache Teigmenge herstellen, wird das Ergebnis noch besser. Der Teig eignet sich vorzüglich zum Gefrieren. Für die weitere Verarbeitung finden Sie Rezepte auf den Seiten 77, 88, 100, 107, 130 und 140!

Elektro 220°C

Gas Stufe 3½, oberste oder zweite Schiene von oben

Backzeit 20–45 Minuten

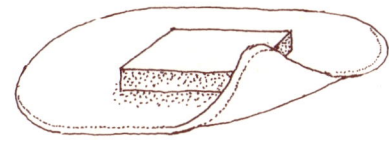

Eigelb

Durch die spezielle Teigbereitung liegt die Butter schichtweise zwischen den Teiglagen. Während des Backens entweicht das in der Butter enthaltene Wasser in Form von Dampf und treibt die darüberliegenden Teigschichten, die dünn wie Blätter sind, in die Höhe.

Butterblumen

150 g Butter,
150 g feinen Zucker,
2 Eigelb,
1 EL Rum   und
Mark ½ Vanilleschote   mit dem Elektroquirl schaumig rühren.
250 g Mehl   und
½ TL Backpulver   daraufsieben und untermengen.

Den Teig 2–3 Stunden im Kühlschrank kühlen, weil er sonst zum Ausrollen zu weich ist. Auf bemehlter Unterlage 2–3 mm dick ausrollen. Mit Hilfe eines Ausstechers Butterblumen ausstechen.

Mit verquirltem

Ei   bestreichen und mit
grobem Hagelzucker   bestreuen.

Elektro 180°C
Gas Stufe 2½, oberste Schiene
Backzeit 12–15 Minuten

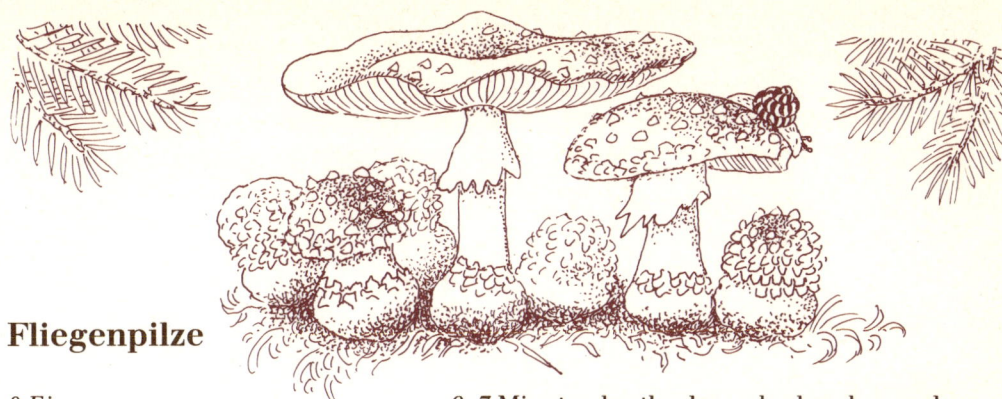

Fliegenpilze

8 Eier	6–7 Minuten hartkochen, abschrecken und schälen, das untere Ende der Eier mit einem Messer etwas abflachen, damit die Eier aufrecht stehen können. Die Eier mit
Salz	würzen und auf eine Platte, die mit feinnudelig geschnittenem
Salat	bedeckt ist, stellen.
4 kleine Tomaten	quer durchschneiden. Die schönere obere Hälfte von unten her etwas aushöhlen. Die Schnittfläche ebenfalls mit
Salz	und
Pfeffer	würzen.
	Die Tomaten wie Pilzkäppchen auf die Eier setzen. Aus den abgeschnittenen Eiweiß kleine Stückchen schneiden, und diese auf der Tomatenoberfläche wie Tupfen eines Fliegenpilzes garnieren.

Es ist erstaunlich, daß die eigentlich ungenießbaren Fliegenpilze allgemein in Deutschland als Glücksbringer betrachtet werden. Vielleicht freute man sich in alten Zeiten darüber, daß es leicht war, mit einem Fliegenpilzgericht den bösen Nachbarn beiseite zu schaffen.

Über Fliegenpilze weiß Salcia Landmann eine hübsche Geschichte. Ein römischer Kardinal besuchte im 17. Jahrhundert Versailles und brachte seinen Leibkoch mit. Dieser verwechselte die aus Rom bekannten, schmackhaften Kaiserpilze mit den französischen Fliegenpilzen, deren Stiele und Lamellen nicht blaßgelb, sondern reinweiß sind. Das Ende der Geschichte ist klar: Trotz des mitreisenden Kochs starb der italienische Kardinal in Frankreich!

Vergessen wir die makabre Geschichte. Für die Silvesterbewirtung sind diese Fliegenpilze immer ein Erfolg.

Kichererbsen

250 g Kichererbsen in reichlich Wasser über Nacht quellen lassen, mit

400 g geräuchertem, gepökelten
mageren Speck und
1 Bund Suppengrün,
1 Zwiebel,
1 Lorbeerblatt,
1 Nelke und
einigen Pfefferkörnern bei milder Hitze im dickwandigen Topf in ca. 2 Stunden garen.
Mit Salzkartoffeln eine deftige bäuerliche Mahlzeit.

Neben den bei uns weithin bekannten Hülsenfrüchten Erbsen, Bohnen und Linsen werden im Mittelmeerraum, insbesondere in Spanien, die sogenannten Kichererbsen (spanisch: garbanzos) angebaut. Es handelt sich hierbei um ein Gewächs aus der Familie der Schmetterlingsblütler, dessen Samen in erbsenähnlichen Schoten wachsen. Kichererbsen sind etwas bitterer als normale Erbsen, haben eine leicht schrumpflige Oberfläche und sehen goldbraun aus. In der bäurischen spanischen Küche, beispielsweise bei der Paella und beim Cocido madrileño, nehmen sie einen festen Platz ein. Der lustige Name dieser Hülsenfrüchte hat nichts mit Lachen zu tun. Er wurde aus der lateinischen Bezeichnung »cicer« (= Kichererbse) abgeleitet.

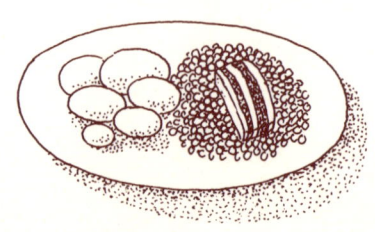

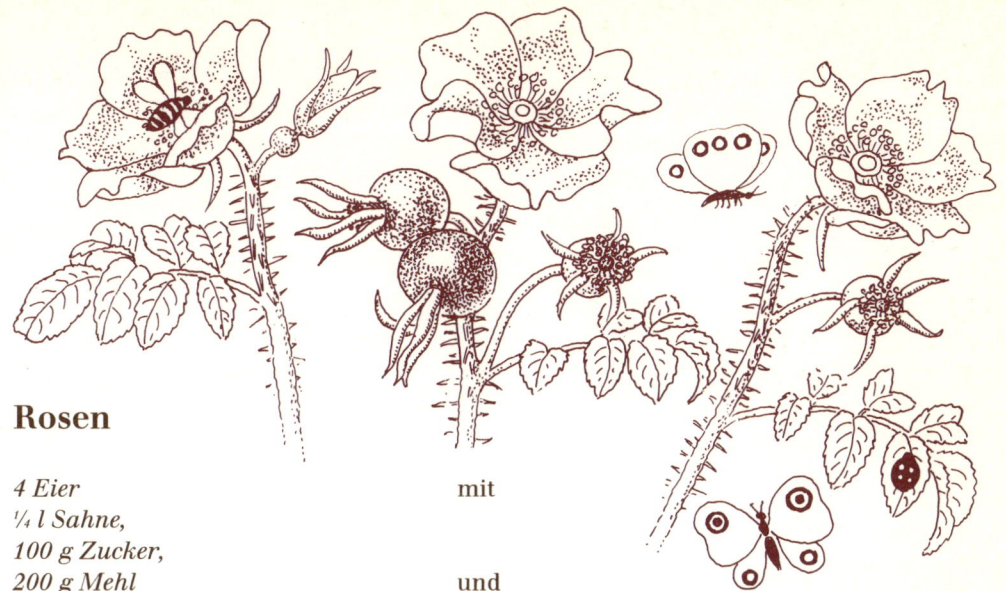

Rosen

4 Eier
¼ l Sahne,
100 g Zucker,
200 g Mehl
3 EL Wein

mit

und

mit dem Elektroquirl zu einem dickflüssigen Teig verrühren.

Vor dem Abbacken diesen mindestens ½ Stunde quellen lassen. Eine gußeiserne Spezialform, deren Ende eine Rosenform aufweist, und die mit einem langen Stiel mit Holzgriff versehen ist, vorsichtig zunächst in heißes

Fritierfett

tauchen, dann so in den Teig, daß jener zwar an der Unterseite der Form haftet, jedoch nicht über die Oberfläche läuft. Nach kurzen anfänglichen Mißerfolgen werden Sie mit Sicherheit bald den Bogen heraus haben. Die Form mit dem anhaftenden Teig in das siedende Fett halten, nach kurzer Zeit läßt sich der Teig von der Form lösen. Sollte er zu dünn sein, noch etwas Mehl beifügen. Abtropfen lassen und mit

Zucker und Zimt

bestreut servieren.

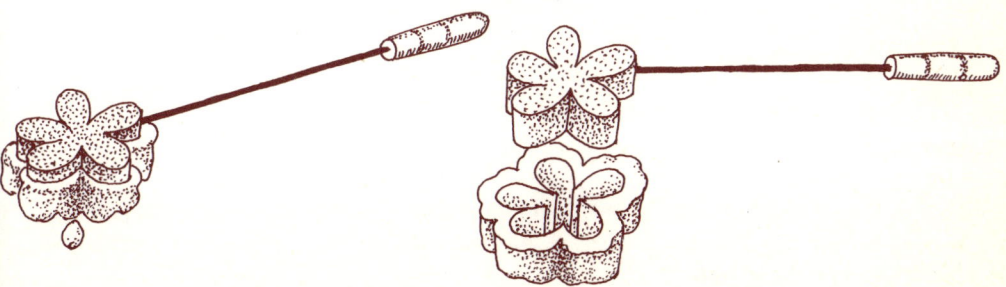

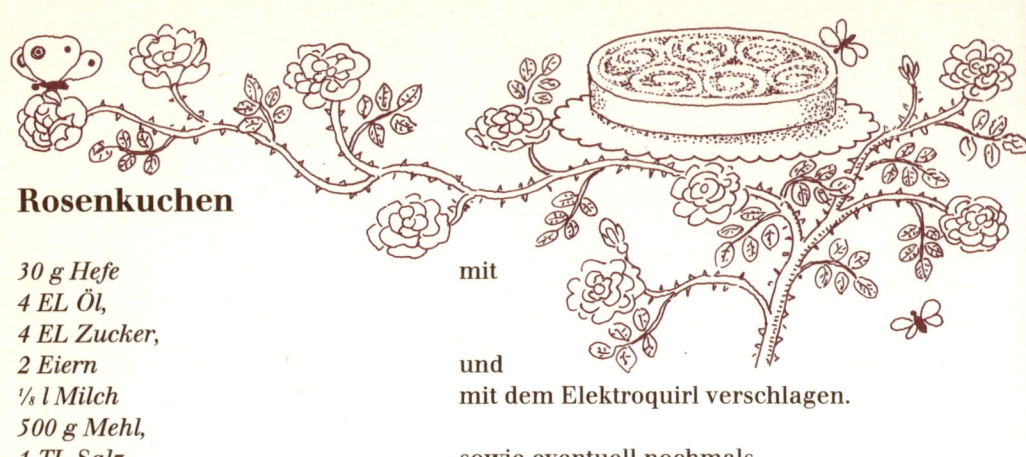

Rosenkuchen

30 g Hefe	mit
4 EL Öl,	
4 EL Zucker,	
2 Eiern	und
⅛ l Milch	mit dem Elektroquirl verschlagen.
500 g Mehl,	
1 TL Salz	sowie eventuell nochmals
⅛ l Milch	zum Hefeteig verkneten, dabei die Knethaken einsetzen.

Den Teig mit einem Geschirrtuch abdecken und mindestens 20 Minuten an warmer Stelle gehen lassen. Sie brauchen also nicht unbedingt zuvor ein Hefestück anzusetzen. Auf bemehlter Unterlage den Teig halbfingerdick zum Rechteck ausrollen. Mit

6 EL Dosenmilch	bestreichen, mit
50 g Zucker	und
½ TL Zimt	sowie
3 EL Sultaninen,	
3 EL Korinthen,	
2 EL feingewürfeltem Orangeat,	
2 EL feingewürfeltem Zitronat	und
4 EL grobgehackten Haselnüssen	bestreuen.

Zur Rolle aufrollen, diese in 4 cm breite Stücke schneiden. Eine Springform (Ø 28 cm) großzügig am Boden fetten. Die Rosen aufrechtstehend hineinstellen. Noch einmal gehen lassen. Auf dem Rost abbacken.
Nach dem Backen mit Guß aus

150 g Puderzucker	und
3 EL Rum oder Arrak	bepinseln.

Elektro 200 °C
Gas Stufe 3, unterste Schiene
Backzeit ca. 40 Minuten.

Der schmackhafte Rosenkuchen kann entweder wie eine Torte aufgeschnitten werden, oder man bricht die Rosen einfach auseinander. Wie alle Hefeteige eignet er sich vorzüglich zum Einfrieren.

Tannenzapfen

300 g Mehl	mit
100 g Butter,	
50 g Zucker	und
1 Beutel Vanillinzucker	rasch zum ziemlich festen Teig verkneten. Kühl stellen. Auf bemehlter Unterlage ausrollen und in kleinfingerbreite Streifen schneiden. Diese nicht zu fest auf runde Spezialholzmodeln, die etwa 4 cm dick und 12 cm lang sind, wickeln. Wie auf der Zeichnung ersichtlich, mit der Schere rundherum zapfenartig einschneiden. In reichlich
Öl	bei 180 °C schwimmend ausbacken. Vorsichtig von der Holzform lösen und erkalten lassen. Mit einer Mischung aus
Beerenobst	und
Schlagsahne	füllen. Mit
Puderzucker	bestäuben und als Kaffeegebäck servieren.

Diese lustig aussehende Spezialität ist Wiener Ursprungs.

Waldklöße

1 Kilo Kartoffeln	waschen, schälen und fein reiben. Mit kochendem Wasser so lange übergießen, bis alles Kartoffelmehl herausgelöst ist. Anschließend mit Hilfe eines Tuches fest auspressen. Die Masse in eine Schüssel geben.
2 EL Speisestärke, *1 TL Salz* *ca. ¼ l kochende Milch*	und hinzufügen. Es soll ein weicher, jedoch noch formbarer Teig entstehen.
2 Kartoffeln,	die tags zuvor bereits gekocht wurden, hineinreiben.
2 Brötchen *40 g Butter oder Margarine*	in Würfel schneiden, in einer Pfanne in rösten und unter den Kloßteig mischen. Entweder einen großen Kloß oder 8 kleine Klöße daraus formen. In einem großen flachen Topf in reichlich leise siedendem Salzwasser ohne Deckel gar ziehen lassen.

Waldklöße – sie werden nach ihrem Ursprungsort in Südthüringen auch *Henneberger Waldklöße* genannt – gelten als klassische Beigabe zu Gänse-, Enten- oder Schweinebraten, die mit reichlich fetter Soße serviert werden.

Haus und Hof

Briefumschläge

1 Packung Tiefkühlblätterteig	auftauen lassen. Auf bemehlter Unterlage ausrollen. Der Teig muß ziemlich dünn sein. Quadrate von ca. 18 cm Kantenlänge ausschneiden. Die Mitte mit
Konfitüre	oder Mandelfülle aus
150 g geriebenen Mandeln,	
2 Eiweiß,	
2 EL Rum,	
½ TL feingeriebener ungespritzter Zitronenschale	bestreichen.
	Die vier Spitzen zur Mitte hin anlegen, etwas andrücken. Auf einem mit Wasser benetzen Backblech goldbraun backen.
Rote kandierte Kirschen	mit
etwas Zuckerguß	als »Siegel« auf die Mitte eines jeden Briefes kleben.
	Elektro 220°C
	Gas Stufe 3½, zweite Schiene von oben
	Backzeit 25 Minuten

Das Rezept kann übrigens auch mit Quarkblätterteig abgewandelt werden.
Vor 1451 mußte man im allgemeinen deswegen auf die Briefumschläge noch verzichten, weil es die Post noch nicht gab. Erst 1451 richtete Roger de Tassis für Kaiser Friedrich III. einen Briefbeförderungsdienst ein. 40 Jahre später gab es von Wien nach Brüssel dann auch schon die erste feste Postlinie durch Deutschland, aber der regelmäßige Postverkehr kam erst 1680 zustande.

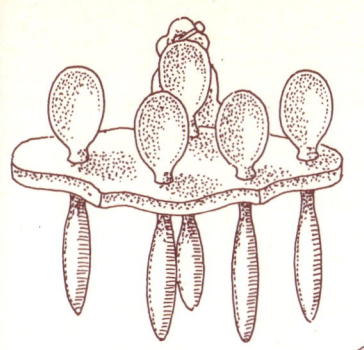

Elf-Löffel-Strudel

11 gut gehäufte EL Mehl,
2 EL Zucker,
60 g Schweineschmalz
1 Ei,
1 TL Backpulver,
Salz,
etwas Milch

miteinander zu einem nicht allzu festen Teig verarbeiten.
Im Kühlschrank ruhen lassen. Auf bemehlter Unterlage zum Rechteck von 35 x 40 cm ausrollen. Das mittlere Drittel der Länge nach mit

250 g Konfitüre

bestreichen, die beiden Seiten darüberschlagen, einschlitzen, damit die Feuchtigkeit entweichen kann.
Auf einem Blech abbacken, nach dem Backen mit

Puderzucker

überstäuben.
Elektro 200 °C
Gas Stufe 3, mittlere Schiene
Backzeit 35 Minuten

Dieses vereinfachte Strudelrezept ist im Handumdrehen zubereitet und kann natürlich auch mit Apfel-, Mandel-, Nuß- oder Quarkfüllung abgewandelt werden.
Der Siegeszug des Strudels begann nachweislich in Nürnberg, wo er 1691 zum ersten Mal in einem Kochbuch dingfest gemacht werden kann, allerdings noch nicht süß, sondern deftig als »Krebs-Strudel, Strudel von Kalb- oder Lammeslungen, Strudel von Spinat!« So international wurde der Strudel bald, daß er auch bei den Tschechen štrudle heißt, in Polen sogar noch: strudel.

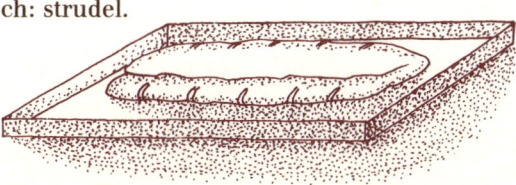

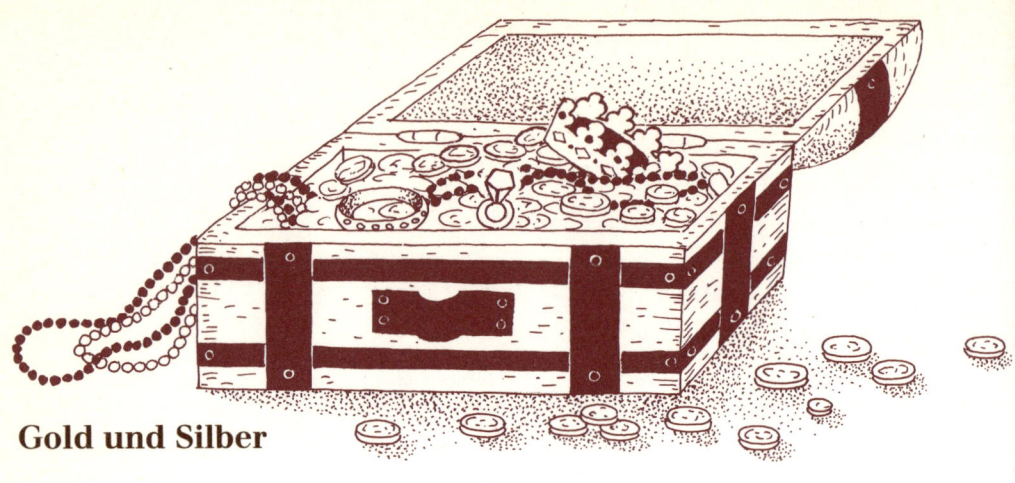

Gold und Silber

250 g getrocknete weiße Bohnen	gründlich waschen und über Nacht in
2 l Wasser	quellen lassen. Am folgenden Tag mit
750 g Rinder-Suppenfleisch,	
Salz,	
einigen Pfefferkörnern	und
1 Lorbeerblatt	langsam zum Kochen bringen.
400 g Möhren	und
500 g Kartoffeln	schälen und würfeln. Nach etwa 90 Minuten Kochzeit ebenfalls in den Topf geben. Zugedeckt weitere 30 Minuten garen.
1 große Zwiebel	schälen und würfeln.
60 g geräucherten durchwachsenen	
Speck	würfeln, in der Pfanne glasig braten, dann die Zwiebel beifügen und goldbraun braten lassen. Den fertigen Eintopf mit
Essig,	
Zucker	und
feingehackter Petersilie	abschmecken, in eine Schüssel geben. Die knusprigen Speck- und Zwiebelwürfel oben auf das Eintopfgericht geben.

Eine westfälische Nationalspeise: Vitaminhaltige Möhrenwürfel sind das Gold, kalorienreiche sättigende Bohnen das Silber.

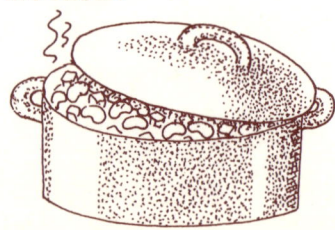

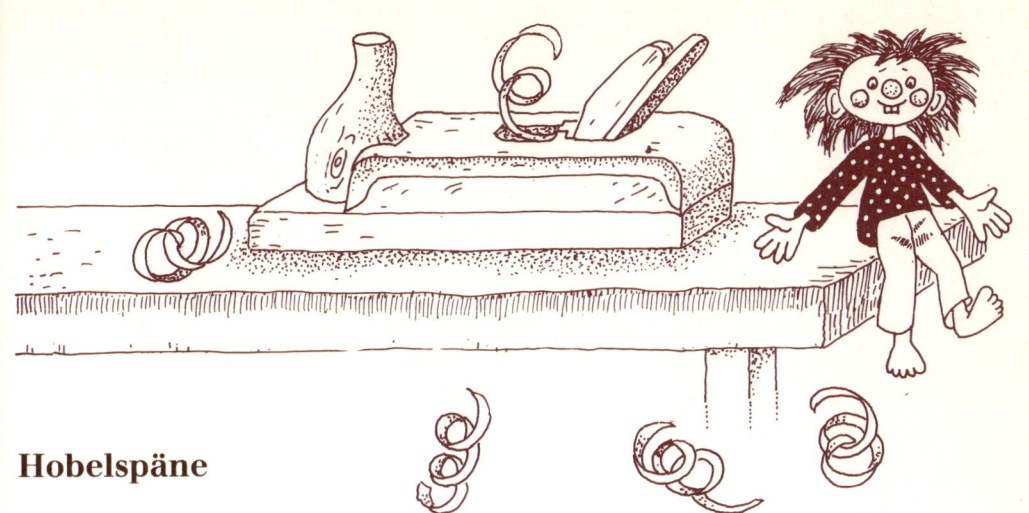

Hobelspäne

3 große Eier	mit
120 g feinem Zucker	und
feingeriebener Schale ½ ungespritz-ten Zitrone	in einer Schüssel mit Hilfe des Elektroquirls zu einer sehr schaumigen Masse schlagen.
80 g Mehl	mit
40 g Speisestärke	auf die Eischaummasse sieben.

Alle Zutaten vorsichtig mit einem Löffel zum luftigen Biskuitteig verrühren. Eßlöffelweise längliche Formen auf ein großzügig gebuttertes oder mit Blechreinpapier belegtes Backblech legen. Nicht zu viele Plätzchen auf einmal aufs Blech streichen.

Sogleich nach dem Backen vom Blech lösen und heiß um ein Rundholz von etwa 3 cm Durchmesser wickeln, so daß Hobelspäne entstehen. Wenn die Plätzchen vor dem Wickeln erkalten, brechen sie, darum schnell arbeiten.

Elektro 200°C
Gas Stufe 3, oberste Schiene
Backzeit 8–10 Minuten

Aus dem gleichen Teig können Sie auch Tüten backen, dafür runde Plätzchen (∅ ca. 8–10 cm) formen und nach dem Backen tütenförmig aufrollen. Mit Sahne und Walderdbeeren gefüllt ein verführerisches Gebäck.

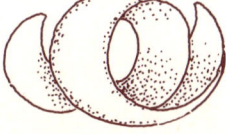

Hufeisen

250 g Mehl,
100 g geschälte feingeriebene
Mandeln,
70 g feinen Zucker,
1 Prise Salz
1 Beutel Vanillinzucker
200 g kalte Butter

und
auf ein Backbrett geben,
in Flöckchen darauf verteilen. Mit einem großen Messer alle Zutaten fein verhacken, dann
mit kühlen Händen rasch zum glatten Teig verkneten. Den Teig zu zwei langen Rollen formen, etwas flach drücken, in Plastik einge-
schlagen für eine Stunde in den Kühlschrank
stellen. Mit einem Messer in kleinfingerdicke
Scheiben schneiden. Auf bemehlter Unterlage
zu knapp kleinfingerdicken Würstchen, deren
Enden möglichst nicht spitz zulaufen sollten,
weil sie sonst verbrennen, ausrollen. Hufeisen-
förmig gebogen abbacken.
Nach dem Backen in einer Mischung aus

100 g feinem Zucker
Mark ½ Vanilleschote

und dem
wälzen.
Elektro 180°C
Gas Stufe 2½, oberste Schiene
Backzeit ca. 15 Minuten
Zu Weihnachten möchte keiner auf sie verzichten: die Rheinländer nicht auf ihre Hufeisen,
die Süddeutschen und Österreicher nicht auf
ihre Vanillekipferl. Wie so oft handelt es sich
hier um ein und dasselbe Gebäck, was je nach
Landschaft eine unterschiedliche Bezeichnung
hat.

Ein auf dem Weg gefundenes Hufeisen, weil ein brauchbarer Gegenstand, gilt allgemein als Glückszeichen. Achten Sie aber beim Aufhängen über dem Eingang Ihrer
Haustür auf die richtige Wölbung! Ist das Eisen nach unten hin offen, würde das Glück
herausfallen!

Kopfkissen

Kartoffeln — es sollte sich um Winterkartoffeln gleicher Größe handeln – waschen und schälen. Der Länge nach in große, ungefähr 3 mm dicke Scheiben schneiden. Sorgfältige Arbeit ist unumgänglich, denn aus »Rutschbahnen« würden die Kopfkissen nicht gelingen. Die Scheiben am besten mit Hilfe einer Schablone in Rechtecke von 3 x 5 cm schneiden. Mehrere Male waschen, dann mit einem Geschirrtuch abtrocknen und zugedeckt aufheben.

Fritierfett auf 180 °C erhitzen, so daß von einem hineingehaltenen Kochlöffelstiel Bläschen aufsteigen. Portionsweise die Kartoffelscheiben blaßgelb darin abbacken. Auf einem Sieb erkalten lassen. Kurz vor der Mahlzeit noch einmal in das Fettbad geben. Dann blähen sich die Kartoffeln stark auf, innen entsteht ein luftiger Hohlraum. Zu festlichen Wildgerichten servieren.

Es ist schade, daß seit ungefähr 1800 das Kissen Kissen heißt. Was für Verwechselungen waren möglich, als es noch Küssen hieß, wie in einem Sinnspruch von 1726: »Verächter der Ehe mögen das Kopfkissen zum Küssen erkiesen.« Und gar im ›Wilhelm Tell‹ heißt es noch an einer Stelle: »Er fällt in das Küssen zurück.« Und dabei geht's um einen Mann (Attinghausen), der sein Leben aushaucht.

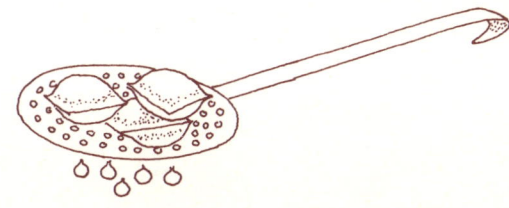

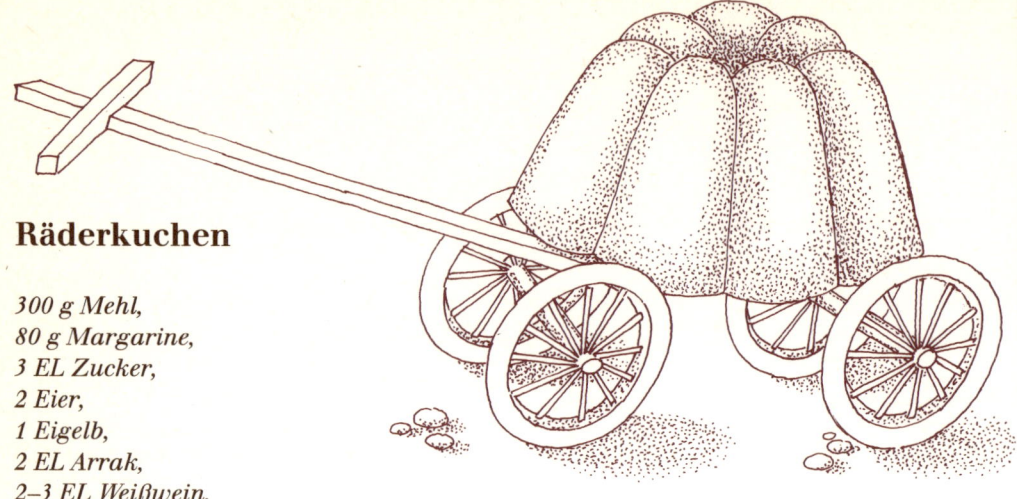

Räderkuchen

300 g Mehl,
80 g Margarine,
3 EL Zucker,
2 Eier,
1 Eigelb,
2 EL Arrak,
2–3 EL Weißwein,
feingeriebene Schale von ½ unge-
spritzten Zitrone

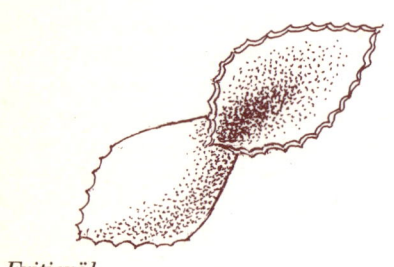

Fritieröl

nacheinander auf ein Backbrett geben.
Die Zutaten mit einem langen scharfen Messer gut verhacken, dann rasch zum Teig verkneten, diesen kühl stellen.

Portionsweise auf bemehlter Unterlage ausrollen und mit dem Teigrädchen Rauten von etwa 8 cm Kantenlänge ausrädeln. In der Mitte, wie auf der Zeichnung ersichtlich, einkerben. Dann einen Teigzipfel hindurchziehen, so daß ein verschlungenes Gebilde entsteht.

auf 180°C erhitzen, die Räderkuchen nach und nach darin schwimmend goldbraun backen. Jeweils nur 3–4 Teigstücke ins Fettbad geben, weil sie sonst zu ölig werden. Auf Küchenpapier abtropfen lassen, mit

Zucker
Zimt

und

bestreut, schmecken sie frisch am allerbesten.

Ein Ausländer wird nur schwer begreifen, daß Räderkuchen zum rheinischen Karneval und die gleichartig geformen *Hasenöhrle* zur badischen Fastnacht gehören: völlig verschiedene Ausdrücke für ein und die gleiche Sache.

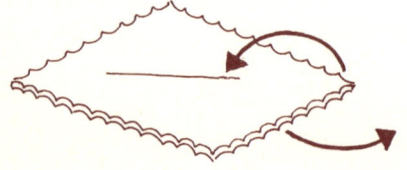 

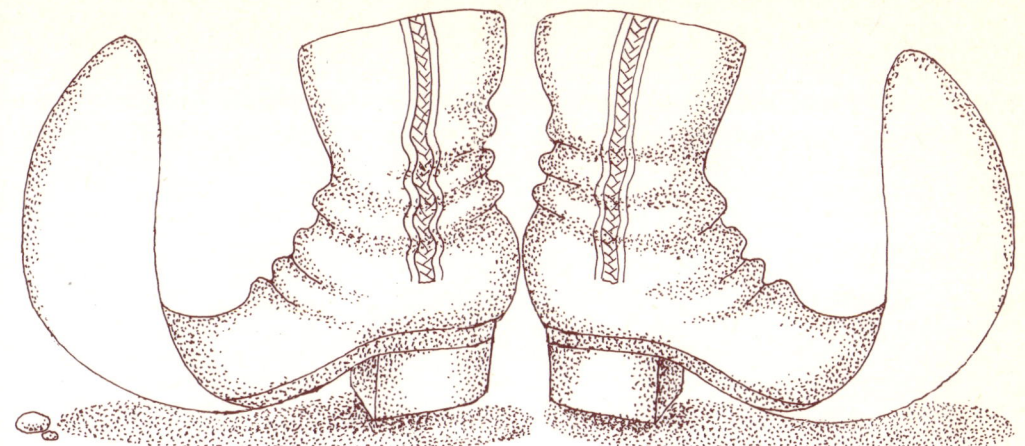

Schuhsohlen

1 Packung Tiefkühlblätterteig

sehr grobem Zucker

auftauen lassen. Die Teigstücke in 12–18 Rechtecke schneiden. Ein Backbrett mit bestreuen, und die Teigstücke nach beiden Seiten hin zu länglichen zungen- bzw. sohlenartigen Gebilden von etwa 3 mm Stärke ausrollen. Zwischendurch einmal auf dem Zucker wenden. Auf ein mit reichlich Wasser benetztes oder mit Blechreinpapier belegtes Backblech legen.

Nach 10 Minuten Backzeit die Schuhsohlen einmal wenden, so daß der Zucker auf beiden Seiten gleichmäßig karamelisiert. Die Schuhsohlen sollen knusprig mittelbraun gebacken werden. Nach Belieben jeweils zwei Schuhsohlen mit

Schlagsahne

zusammensetzen. Natürlich schmecken sie frisch am allerbesten.

Elektro 225 °C
Gas Stufe 3½, oberste Schiene
Backzeit ca. 20 Minuten

Das sohlenförmig geformte Gebäck ist in unserer Zeit dank des industriell gefertigten Tiefkühlblätterteiges im Handumdrehen fertig. Im österreichischen Sprachraum kennt man das gleiche Gebäck unter der Bezeichnung *Teeblätter*.

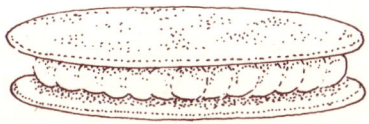

Spiegelkuchen

250 g Mehl
125 g kalter Butter,
65 g Zucker,
1 Ei,
1 Prise Salz,
feingeriebener Schale von ½ unge-
spritzten Zitrone

mit

auf ein Backbrett geben.
Zunächst alle Zutaten mit einem langen Messer verhacken, dann rasch zum glatten Teig verkneten. Den Boden einer Springform damit auskleiden, einige Male mit der Gabel einstechen. Aus den Teigresten zwei lange dünne Würste rollen, diese kordelartig zusammendrehen und als Rand auflegen. Etwas an den Rand der Form drücken. Auf dem Rost abbacken.
Den Teigboden mit durchgesiebter
dünn bestreichen.
in einem Teil von
quellen lassen. Den restlichen Weißwein mit
und
abschmecken.

Orangenmarmelade
1 Beutel gemahlene Gelatine
⅛ l aromatischem Weißwein
3 EL Zucker
2 EL durchgesiebtem Zitronensaft

Die Gelatine auflösen, durch ein Sieb unter Schlagen zum Wein geben. Das Gelee kalt stellen. Wenn es dicklich wird, auf den Kuchen gießen.
Den kalorienarmen Kuchen bis zum Verzehr unbedingt im Kühlschrank aufheben.
Elektro 200 °C
Gas Stufe 3, mittlere Schiene
Backzeit 20–25 Minuten.

Vor Beginn des 17. Jahrhunderts durfte dieser Kuchen noch spiegelrund sein, eine richtige Kuchenkugel. Bis dahin verstand man es nämlich nur, runde, konkave oder konvexe Spiegel herzustellen, wie sie heute noch in England verkauft werden. Damals konnte nur ein Teil einer geblasenen Glaskugel erwärmt und verquecksilbert werden. Wem der Spiegelkuchen zu sehr aufgeht, der kann sich also damit trösten, einen alt traditionellen Spiegelkuchen gebacken zu haben.

Von Himmel, Erde und Hölle

Blitzkuchen

250 g Butter	mit
4 Eiern	und
200 g Zucker	mit Hilfe des Elektroquirls schaumig rühren.
Feingeriebene Schale von ½ unge-	
spritzten Zitrone	und
250 g Mehl	zufügen.
	Ein Backblech mit Blechreinpapier sorgfältig auskleiden, den Teig mit einem Teigschaber gleichmäßig darauf verteilen.
125 g gestiftelte Mandeln	und
3 EL Zucker,	der mit
½ TL Zimt	vermischt wurde, auf der Oberfläche verteilen. Unmittelbar nach dem Abbacken mit Hilfe eines großen Lineals oder einer Holzleiste in Rauten von etwa 5 cm Kantenlänge schneiden.

Elektro 220°C
Gas Stufe 3½, oberste Schiene
Backzeit 8–10 Minuten

Wer es eilig hat und schnell eine Platte mit feinem Kleingebäck anbieten möchte, für den ist dieses Rezept das Richtige. Das Gebäck ist tatsächlich schnell wie der Blitz zubereitet, die Voraussetzung ist allerdings, daß Sie die Mandeln bereits gestiftelt eingekauft haben.

Brand von Moskau

150 g Butter	mit
150 g Zucker	und
4 Eigelb	schaumig rühren.
4 Brötchen,	die in
ca. ½ l lauwarmer Milch	eingeweicht und anschließend ausgedrückt wurden,
50 g geschälte gehackte Mandeln, feingeriebene Schale von ½ ungespritzten Zitrone	und
50 g kleingehackten Pumpernickel	dazugeben.
2 Eiweiß	zu steifem Schnee schlagen und unter die Masse heben. In eine mit
Butter	gut ausgepinselte Puddingform füllen, die Oberfläche glätten, gut verschließen. Im Wasserbad 70 Minuten garen. 10 Minuten abkühlen lassen, dann auf eine Platte stürzen.
⅛ l Arrak	vorsichtig anwärmen, über den Pudding gießen.
2 EL Zucker	schnell daraufstreuen. Dann mit einem langen Streichholz anzünden und brennend auftragen.

So martialisch der Name dieser heißen Süßspeise auch klingen mag, es steckt etwas Heiliges in ihr: der Pumpernickel. Dieses schwarze Brot wurde nämlich erstmals von Enea Silvio Piccolomini in seiner Schrift ›Europa‹ erwähnt, und dieser Signor Piccolomini ist von 1459 bis 1464 immerhin für fünf Jahre Papst gewesen.

Engelskuchen

10 Eiweiß	zu sehr steifem Schnee schlagen.
2 Beutel Vanillinzucker	und
feingeriebene Schale ½ ungespritzten Zitrone	und
300 g Puderzucker	rasch darunterschlagen.
175 g Mehl	mit
2 gestr. TL Backpulver	und
1 Prise Salz	vermengen, auf die Eischaummasse sieben. Den Teig in eine sehr großzügig am Boden gefettete runde Springform von 22 cm Durchmesser geben. Die Oberfläche glätten, dabei zum Rand hin leicht hochziehen. Auf der mittleren Schiene auf dem Rost backen. Unbedingt die Garprobe machen. Aus der Form lösen und mit einem Guß aus

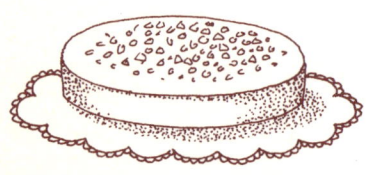

200 g Puderzucker	und
4 EL Zitronensaft	gleichmäßig überziehen.
Je 50 g Orangeat und Zitronat	in kleine Würfel schneiden und den noch feuchten Kuchen damit bestreuen.
	Elektro 180°C
	Gas Stufe 2½, zweite Schiene von unten
	Backzeit 40–60 Minuten

Der Engelskuchen wurde nicht von Engeln, sondern von englischen Kolonisten in Amerika eingeführt und wird gelegentlich auch als *Silberkuchen* bezeichnet. Das lockere weiße Gebäck ist eine ideale Resteverwertung für Eiweiß. Das Rezept ist in Amerika sehr populär. Der Kuchen kann zusätzlich durch 125 g leicht geröstete, geschälte geriebene Mandeln oder Walnüsse abgewandelt werden.

Engel zu Pferde

Weißbrot	in dünne Scheiben schneiden. Mit einem Glas von ca. 4 cm ∅ runde Scheiben ausstechen. Nur sehr hell toasten.
Frühstücksspeck	in dünnen Scheiben von Schwarten befreien und 2–3 Minuten in kochendem Wasser blanchieren.
Austern (evtl. Dosenware)	mit
Cayennepfeffer	und
Zitronensaft	würzen und mit einem Speckstreifen umwikkeln. Mit einem Holzspießchen befestigen, auf die Weißbrotscheiben stecken, im Backofen 10 Minuten backen. Mit
Petersilie	garniert, heiß als Cocktailhappen zu Tisch bringen.

Engel zu Pferde sind in den Vereinigten Staaten als Cocktailhappen außerordentlich populär. Das Rezept für die Teufel zu Pferde finden Sie auf Seite 127.
Die Angelologie, die ganz seriöse Wissenschaft über die Engel, muß man nicht beherrschen, um mit diesen Köstlichkeiten zu reüssieren. Doch schaden wird es nicht, wenn die Hausfrau weiß, daß es vier Erzengel gibt: Michael, Gabriel, Raphael und Uriel. Der Rest der Engel teilt sich in drei Rangstufen und neun Chöre. Welcher davon das Reiten erlernt hat, wissen nicht einmal die Angelologen.

Feenspeise

2 Blatt rote Gelatine	in reichlich kaltem Wasser quellen lassen, von
gut ½ l Milch	etwas beiseite stellen, den Rest mit
½ Vanilleschote,	die der Länge nach aufgeschlitzt wurde, zum
	Kochen bringen. Die übrige Milch mit
40 g Speisestärke	verrühren. Die kochende Milch mit der Stärke
	binden, die Vanilleschote herausfischen. Die
	Süßspeise mit der ausgedrückten roten Gelati-
	ne verrühren und mit
3 EL Zucker	süßen.
3 EL Arrak	unterrühren.
3 Eiweiß	zu sehr steifem Schnee schlagen und unter den
	noch heißen Pudding heben. In eine hübsche
	Glasschale füllen, die Oberfläche glatt strei-
	chen.
	Die zartrosa Feenspeise schmeckt am besten
	mit einer rohen Himbeer- oder Johannisbeer-
	soße. Dafür
250 g Beeren	im Mixer pürieren, durch ein Sieb streichen
	und mit
2–3 EL Zucker	und
1 EL Zitronensaft	abschmecken.

Eine gelungene Feenspeise ist paradiesisch wie eine Fee! Denn so definiert der Märchenforscher die Zaubergestalt: »Sie erscheint in lichter Kleidung, ist immer beweglich, leicht, frei, ohne Eltern und Sippe, ohne Kindheit und Alter, begabt mit einem verschenkbaren Glück, durchbricht sie das heitere Einerlei ihres Daseins, nur, um sich den Menschen zu nähern.«

Es liegt nahe, daß wie viele andere feine Genüsse, auch die Feenspeise aus Frankreich kommt, denn dort, in den ältesten Sagen und Märchen ist die Fee zu Hause. Das Rezept, wie eine Fee zu fangen ist, kommt hingegen aus dem praktischer denkenden England: nämlich mit einer dreijährigen Haselrute.

Flamenco-Eier

1 große Zwiebel	schälen und fein hacken.
2 Knoblauchzehen	zerdrücken. Zwiebeln und Knoblauch in
4 EL heißem Öl	goldgelb andünsten.
4 Scheiben rohen geräucherten	
Schinken	in Streifen oder Würfel schneiden und zufügen.
8 Scheiben Knoblauchwurst	– am besten eignet sich original spanische Wurst – ebenfalls zufügen.
1 Tasse tiefgekühlte Erbsen	über die Mischung geben. Mit
Salz und Pfeffer	gut würzen. Diese Mischung in vier flache feuerfeste Förmchen füllen.
8 Eier	aufschlagen und auf die Gemüsemischung gleiten lassen.
4 EL Tomaten-Paprika aus dem	
Glas	sehr gut abtropfen lassen, auf das Weiße vom Ei verteilen. Eventuell noch
4 EL grüne Oliven	daraufgeben.

Auf dem Rost im vorgeheizten Ofen 10–15 Minuten backen, so daß das Eiweiß fest wird. Mit feingehackter

Petersilie — bestreuen. In den Förmchen als Vorspeise oder Abendbrotgericht zu Tisch bringen.

Dieses Gericht ist eine Spezialität der andalusischen Zigeuner, erfreut sich aber ständig wachsender Beliebtheit auch außerhalb der spanischen Landesgrenzen. Die Flamenco-Eier müssen möglichst feurig abgeschmeckt sein und verführerisch nach Knoblauch duften; dazu reicht man knusprig frisches Stangenweißbrot und einen kräftigen spanischen Rotwein. Wer's noch schärfer mag, kann mit Peperoni nachwürzen.

Während es für die Flamenco-Eier ein Rezept gibt, gibt es für den Flamenco keines. Dieser von Zigeunern stammende Tanz kennt keine feste Regel, bis auf die, daß er gesungen »Saeta« heißt. Wird er mit Kastagnetten und unter heftigem Klatschen der Mitwirkenden, aber noch mehr der Zuhörer und Zuschauer getanzt, heißt er »Seguidilla« oder »Fandango«.

Goldene Passauer Haube

150 g Mehl	mit
2 EL Zucker	und
4–6 EL lauwarmem Weißwein	verrühren.
4 Eiweiß	steif schlagen und unterheben.
	Der Teig soll die Beschaffenheit eines recht dicklichen Pfannkuchenteigs haben. Reichlich
Schmalz oder Plattenfett	erhitzen, so daß von einem hineingehaltenen Hölzchen Bläschen aufsteigen.
	Den Teig durch einen Schaumlöffel, der fleißig geschüttelt wird, in das siedende Fett laufen lassen. Es entsteht ein halbkugelförmiges Fettgebäck. Goldbraun herausheben und noch heiß über ein Rollholz legen, damit es sich krümmt. Sogleich mit grobem
Zucker	bestreuen. Frisch servieren.

Viele Mädchen werden um die schönste goldene Passauer Haube früher einen großen Bogen gemacht haben. Bedeutete das Tragen der Haube doch, daß man nun verheiratet war. Nur Jungfrauen durften im Mittelalter ihr Haar offen tragen.

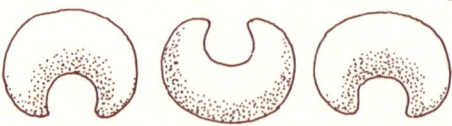

Hexenschnee

2 Eiweiß	zu steifem Schnee schlagen.
4 EL feinen Zucker	langsam einrieseln lassen.
2 EL weißen Rum	und
2 EL Zitronensaft	darunterschlagen.
ca. 8 EL Apfelmus	vorsichtig unter den Eischnee heben und dabei aufpassen, daß die Luft nicht entweicht. Die Masse in Portionsgläser verteilen. Mit Klecksen von
Johannisbeergelee	gleichmäßig garnieren. Mit
4 Baisers	und
4 TL Schokoladestreuseln oder Borkenschokolade	verführerisch garnieren.

Der Hexenschnee ist eine traditionelle Süßspeise, die schnell oft auch aus Resten zubereitet werden kann und gut schmeckt, wenn sie bald nach ihrer Fertigstellung auf den Tisch gestellt wird. Hexen wußten schon immer ihre Umwelt zu verführen.

Himmel und Erde

800 g Kartoffeln	waschen, schälen, in Würfel schneiden.
400 g säuerliche aromatische Äpfel	waschen, schälen, vierteln, vom Kernhaus befreien. Kartoffeln und Äpfel mit
Salz und Pfeffer	sowie möglichst wenig Wasser in ca. 25 Minuten zugedeckt garen. Eventuell überschüssiges Kochwasser abgießen. Den Eintopf stampfen, gut abschmecken.
2 große Zwiebeln	schälen, würfeln.
80 g geräucherten durchwachsenen Speck	würfeln, in der Pfanne auslassen, dann die Zwiebeln darin goldbraun braten. Die Speck-Zwiebel-Mischung über das Eintopfgericht geben.

Die Bayern schütteln den Kopf über diesen »Fraß«. Die Westfalen hingegen rollen entzückt ihre Augen und freuen sich auf ihr Landesgericht. Mit gebratener Blutwurst, Leber oder Frikadellen schmeckt es aber auch ihnen noch besser. Die Äpfel sind das Symbol für den Himmel, die guten westfälischen Kartoffeln das für die Erde.

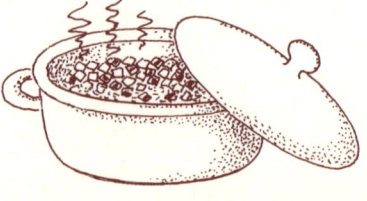

Liegnitzer Bomben

400 g Honig,	
250 g weißen oder braunen Zucker	und
150 g Butter oder Margarine	in einem kleinen Topf bei mittlerer Hitze schmelzen, dann abkühlen lassen.
500 g Mehl,	
1 Beutel Backpulver,	
2 EL dunklen Kakao,	
125 g ungeschälte mittelfein gehack-te Mandeln,	
je 1 Msp. Piment und Kardamom,	
½ TL Zimt,	
je 3 EL Milch und Rum	sowie
4 Eier	miteinander vermischen, dann die Honigmasse zufügen. Den Teig zur Hälfte in kleine gefettete Bombenförmchen geben.
	Für die Füllung
250 g Ananasmarmelade	mit
200 g Marzipan,	
120 g Sultaninen	und
je 60 g feingehacktem Zitronat und Orangeat	vermischen. Erst die Füllung, dann den restlichen Teig verteilen.
	Nach dem Abbacken die erkalteten Liegnitzer Bomben mit einer Glasur aus
200 g Kuvertüre,	die vorsichtig im Wasserbad zum Schmelzen gebracht wurde, überziehen.
	Elektro 180 °C
	Gas Stufe 2½, mittlere Schiene
	Backzeit ca. 30 Minuten

Auch die schwerste Liegnitzer Bombe wird wohl nie einen so gewaltigen Eindruck hinterlassen wie das Kuchengeschoß, das einmal in Dresden gebacken wurde: 22 Meter lang, drei Meter breit, 30 Zentimeter hoch und mit 3600 Eiern, 31 Pfund Hefe, 400 Litern Milch und vielen, vielen anderen Zutaten gefüllt. Über 60 Bäcker backten daran – natürlich für August den Starken.

Puff

6 Eigelb	mit
150 g Zucker	mit Hilfe des Elektroquirls sehr schaumig rühren.
150 g Mehl	und die
feingeriebene Schale ½ ungespritzten Zitrone,	
2 EL Sultaninen,	
2 EL Korinthen,	
2 EL gehacktes Zitronat	und
2 EL geschälte gehackte Mandeln	beifügen.
6 Eiweiß	zu steifem Schnee schlagen, vorsichtig unter den süßen Teig heben. Eine Auflaufform mit
Butter	bestreichen, mit
3 EL geriebenen Mandeln	ausschwenken. Den Teig hineinfüllen, die Oberfläche glätten. Mit
2 EL gestiftelten Mandeln	bestreuen.

Auf den Rost im Backofen backen und sofort nach der Fertigstellung heiß mit Weinschaum-soße als deftige Nachspeise auftragen.
Elektro 200 °C
Gas Stufe 3, zweite Schiene von unten
Backzeit ca. 40 Minuten

Die Bezeichnung Puff für ein leicht schummriges Nachtlokal, in dem halbseidene junge Damen ihre Verführungskünste anbieten, kommt von den arabischen Lederkissen, die in solchen Établissements zeitweise Mode waren. Diese tonnenförmigen Kissen haben aber auch unserem Auflauf den Namen verliehen.

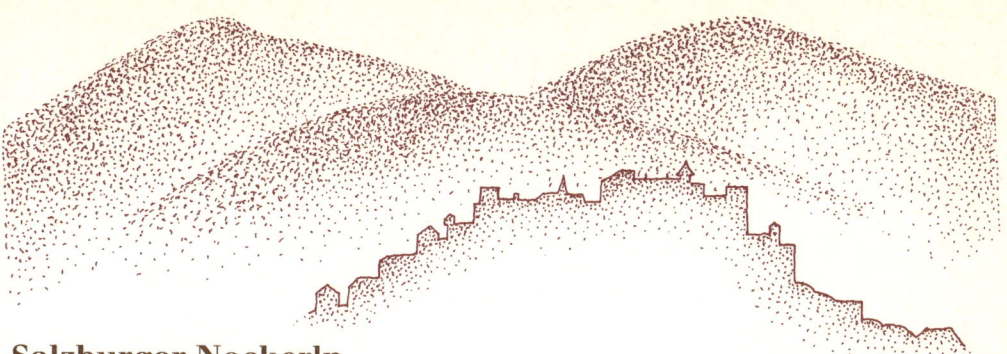

Salzburger Nockerln

	Sollen die Nockerln gelingen, so muß zuerst der Ofen vorgeheizt werden. Eine ovale feuerfeste Form sehr großzügig mit
Butter	bestreichen.
Knapp ⅛ l Milch	mit
1 Beutel Vanillinzucker	in der Form aufkochen lassen.
	Für die Eischaummasse
50 g Butter	mit
5 Eigelb,	
3 TL Mehl	und
2 TL Puderzucker	am besten mit dem Elektroquirl sehr gut schaumig schlagen. In einer zweiten Schüssel
5 Eiweiß	zu steifem Schnee schlagen. Den Eischnee liebevoll mit der lockeren Eigelbmasse vermengen, bergartig in die Form geben. Traditionsgemäß soll die Oberfläche wie drei Hügel geformt sein.
	Im Ofen auf dem Rost backen, bis das Innere gerade eben fest und nicht mehr flüssig ist. Unmittelbar nach der Fertigstellung mit
Puderzucker	besieben und schnell auftragen.

Buckelige, gedrungene Berge werden in Salzburg, Osttirol und Kärnten mundartlich als Nocken bezeichnet. Wohl jeder Reisende, der in Salzburg zu Gast ist, bestellt sich mindestens einmal diese luftige süße Nachspeise.

Die ersten Salzburger Nockerln wurden 1587 bis 1611 in der Küche des Erzbischofs von Salzburg Dietrich von Raitenau kreiert. Nach beinahe 400 Jahren gibt es heute für Salzburger Nockerln fast so viele Rezepte wie Häuser in Salzburg: aber alle erheben den Anspruch, erzbischöflichen Ursprungs zu sein.

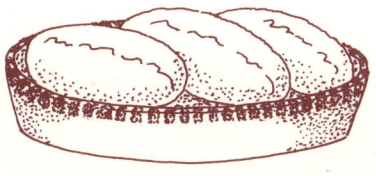

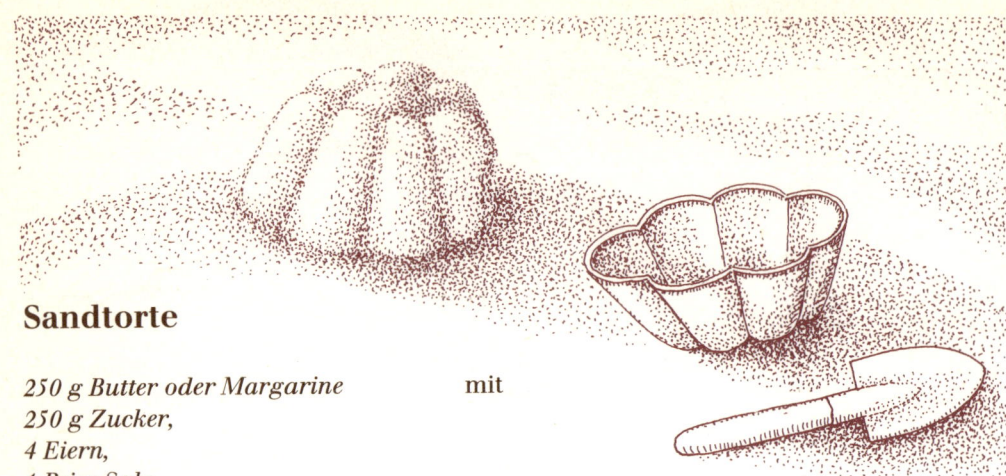

Sandtorte

250 g Butter oder Margarine	mit
250 g Zucker,	
4 Eiern,	
1 Prise Salz	
1 Beutel Vanillinzucker	und
etwas feingeriebener ungespritzter	
Zitronenschale	mit dem Elektroquirl kurz schaumig rühren. Wenn der Teig zu lange gerührt wird, gerät zu viel Luft in die Masse; dann fällt der Kuchen später beim Backen mit Sicherheit zusammen.
150 g Mehl	und
100 g Speisestärke	unterheben. Eine Kastenform mit
Butter	ausfetten und mit
Paniermehl	ausschwenken oder besser noch mit Blechreinpapier auskleiden, den Teig hineingeben, die Oberfläche glätten.
	Auf dem Rost langsam backen, unbedingt die Garprobe machen. Nach dem Erkalten mit
Puderzucker	besieben oder mit
Rumguß	oder
zerlassener Kuvertüre	gleichmäßig überziehen.
	Elektro 175 °C
	Gas Stufe 2½, unterste Schiene
	Backzeit 45–50 Minuten

Ausnahmen bestätigen die Regel: Sandtorte ist keine runde Torte, sondern ein langer Kuchen. Er bekommt seine sandige Konsistenz durch die Beigabe von Speisestärke und den relativ hohen Fettanteil. Insbesondere wenn er mit Guß oder Kuvertüre überzogen wird, hält er sich sehr lange angenehm frisch.

Schneeballen

100 g Butter oder Margarine
3 Eigelb,
2 EL Zucker,
3 EL saurer Sahne,
½ TL Salz
gut 200 g Mehl

mit

und

rasch zum glatten Teig verrühren bzw. verkneten. Diesen 10–15 Minuten zugedeckt ruhen lassen. Auf bemehlter Unterlage nicht zu dünn ausrollen. Mit einem Glas von etwa 7 cm Durchmesser runde Plätzchen ausstechen. Mit dem Teigrädchen 5–6mal, wie aus der Zeichnung ersichtlich, einkerben. Einen Kochlöffelstiel so hindurchstechen, daß immer ein Streifen nach oben und der nächste nach unten zu liegen kommt.

Fritierfett

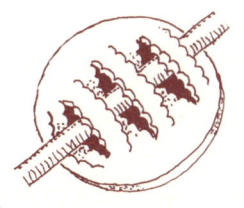

auf 180°C erhitzen, so daß von einem hineingehaltenen Hölzchen Bläschen aufsteigen. Nach und nach die Schneeballen darin goldbraun ausbacken. Abtropfen lassen, leicht mit

Puderzucker

überstäuben.

Die Österreicher nennen diese Schneeballen *Haubitzen*. Sie essen sie nicht zum Kaffee, sondern mit Weinschaum- oder Rotweinsoße als Nachspeise.
Unter der Bezeichnung »Schneeball« wird aber auch eine Süßspeise verstanden, die aus ziemlich dicker Vanillesoße besteht, auf der große Klöße aus gezuckertem, durch Hitze gestocktem Eischnee schwimmen.
Wer Schneeballen aus Schneeballschalen serviert bekommt, darf sich glücklich preisen, denn Schneeballporzellan gehört zum Kostbarsten aus der Meißner Manufaktur. Der große Porzellankünstler Johann Joachim Kändler erfand es im 18. Jahrhundert, indem er aus zahllosen weißen Porzellanblüten seine Meisterwerke modellierte.

Spanischer Wind

4 Eiweiß — mit dem Elektroquirl bei niedrigster Schaltstufe zu steifem Schnee schlagen.

180 g feinen Zucker — und

1 gestr. EL Speisestärke — mit dem Eßlöffel unter den Eischnee heben.

Mit Hilfe eines Spritzbeutels längliche Baisers auf ein mit Blechreinpapier belegtes Backblech spritzen. Anfänger können sich mit Bleistift zuvor die Größe der Formen auf dem Papier anzeichnen. Natürlich können sie auch runde Formen wählen.

Am besten über Nacht im Ofen trocknen lassen. Durch einen dazwischen geklemmten Kochlöffelstiel die Backofentür leicht geöffnet lassen. Der Spanische Wind soll schneeweiß und keinesfalls braun gefärbt sein.

Spanischer Wind ist eine ideale Resteverwertung für übriggebliebenes Eiweiß.

Elektro 100 °C
Gas Stufe knapp 1, mittlere Schiene
Backzeit 8–10 Stunden

Den Spanischen Wind, den der Spanier zu Weihnachten ißt, liebte man in Schwaben offenbar so sehr, daß man ihn jederzeit genießen wollte, und erhob ihn offiziell zum herzoglich württembergischen Hofkonfekt.

Was heute gemeinhin als *Baisers* oder *Meringe* bezeichnet wird, nannten unsere Großmütter romantisch *Spanischen Wind, Zephir* oder *Lüftlein.*

Vorzüglich zu Eis, Schokoladenpudding oder Schlagsahne mit Himbeeren oder Walderdbeeren.

Teufelseier

8 Eier	hartkochen, abschrecken und schälen. Der Länge nach halbieren, das Eigelb vorsichtig aus dem Eiweiß lösen und durch ein Sieb in eine Schüssel drücken.
3 EL Tomatenketchup, 2 EL Mayonnaise, 1 TL Zitronensaft, 1 TL scharfen Senf, 1 TL Zwiebelsaft, einige Spritzer Tabascosauce, Salz, weißen Pfeffer, Paprika	
	und
Cayennepfeffer	dazugeben und recht scharf abschmecken. Mit Hilfe eines Spritzbeutels die Masse in die gesalzenen Eihälften füllen, mit
feingeschnittenem Schnittlauch	auf grünen
Salatblättern	anrichten.

Wer sich daran stört, daß zu Teufelseiern ordinärer Ketchup dazugehört, sollte beden-
ken, daß der Ketchup oder Catchup immerhin schon 1690 zum ersten Mal in England
erwähnt wird. Aber diese aus Indien eingeführte Soße wird damals etwas raffinierter
gewesen sein als heute. Sie bestand in der guten alten Zeit aus Tomaten, Pilzen, grünen
Walnüssen, Austern oder Sardellen, Essig und vielen exotischen Gewürzen.
Für Teufelseier gibt es in der russischen Küche noch ein anderes Rezept. Hartgekochte
Eier werden angeknackt, die Schale aber nicht abgelöst. Dann legt man die Eier in eine
Sole aus Wasser, sehr viel Salz und grob zerquetschten Pfefferkörnern. Nach etwa einer
Woche werden sie mit reichlich Schnaps verzehrt.

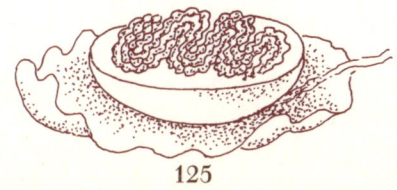

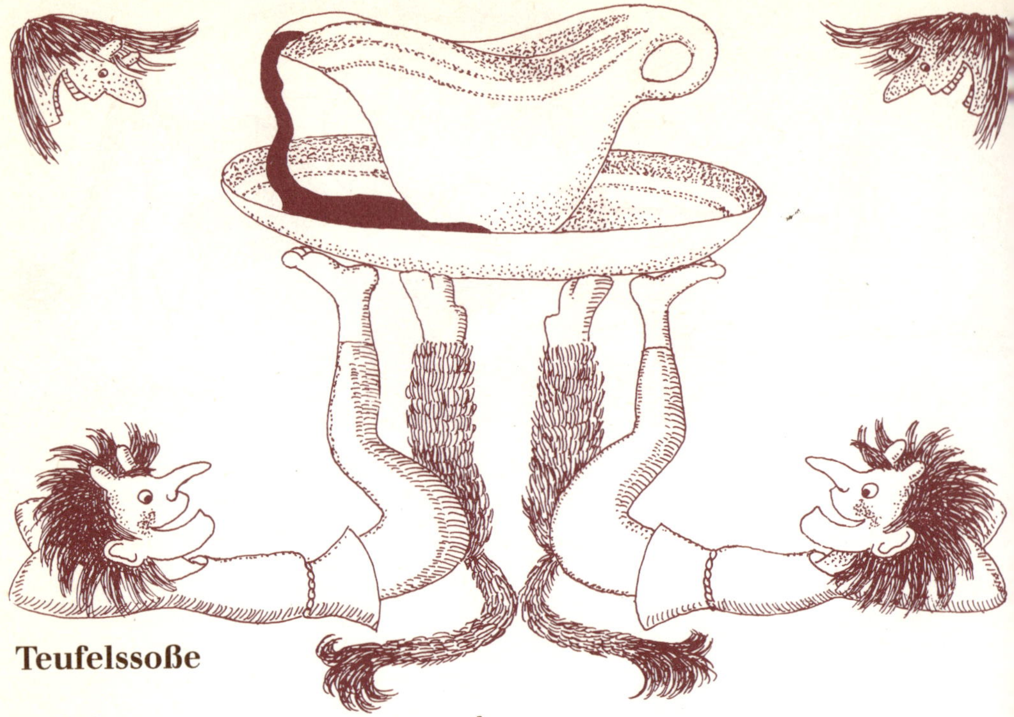

Teufelssoße

3 Schalotten
1 mittelgroße Zwiebel
1 EL Öl
4 hartgekochten Eigelb,
knapp ⅛ l dunklem Rotwein,
4 EL Öl,
4 EL Zitronensaft,
2 EL Senf,
Salz, Pfeffer, Zucker,
Cayennepfeffer, etwas
Worcestersoße
Paprika

½ säuerlichen Apfel

oder
schälen und fein hacken. In
hell dünsten. Mit

und
im Mixer zu einer geschmeidigen Soße pü-
rieren.
schälen, in ganz kleine Würfelchen schneiden
und zum Schluß unter die Soße rühren. Säuer-
lich scharf abschmecken.

Diese recht scharfe kalte Soße paßt zu Eiern, kaltem Fisch, Braten, Geflügel, Pökel-
fleisch oder Wild, und last not least auch zu Fondue. Reste können im geschlossenen
Gefäß ca. 8 Tage im Kühlschrank aufgehoben werden.
Gerade diese raffinierte Soße beweist, daß wir wenigstens in einigen Dingen weiter
sind als unsere Ahnen, die »Soße« kommt von den Römern, wo sie noch »salsa« hieß,
aber nichts weiter bedeutete als: kräftig gesalzte, schlichte Tunke.

Teufel zu Pferde

Mandeln	mit kochendem Wasser überbrühen, schälen und entweder im Backofen oder in
Öl	schwimmend blaßgelb rösten. Mit
Salz	und
Cayennepfeffer	würzen. Statt dessen können sie auch frische Salzmandeln im Laden kaufen und verwenden.
Trockenzwetschgen	von Steinen befreien und jeweils mit einer Mandel füllen. Wählen Sie möglichst hochwertige, große Früchte.
Frühstücksspeck	in dünnen Scheiben von Schwarten befreien. 2–3 Minuten in kochendem Wasser blanchieren. Die Zwetschgen damit umwickeln. Mit einem Holzspießchen befestigen. Unter gelegentlichem Wenden im Grill rundherum knusprig braun werden lassen.
Weißbrot	in dünne Scheiben schneiden. Mit einem Glas von ca. 4 cm Durchmesser runde Scheiben ausstechen. Goldbraun toasten oder in wenig
Butter	in der Pfanne rösten. Jeweils eine Zwetschge auf das Kanapee stecken, mit
Petersilie	garniert als Cocktailhäppchen servieren.

Teufel zu Pferde werden im englischen Sprachraum gerne als Cocktailhappen serviert. Sie sind apart im Geschmack und weit weniger kostspielig als ihr Pendant, die Engel zu Pferde, deren Herstellung auf S. 113 erklärt wird.

Vulkan

Löffelbiskuits	Den Boden einer runden Platte mit
Scheiben von 1 Biskuitrolle	oder mit belegen.
1 Packung Tiefkühlspeiseeis	im letzten Moment aus dem Tiefkühlgerät nehmen und auf das Gebäck geben.
1 Dose Ananas in Scheiben	gut abtropfen lassen. Das Eis rundherum damit einkleiden.
4 Eiweiß	zu sehr steifem Schnee schlagen,
100 g feinen Zucker	einrieseln lassen. Den Elektroquirl herausnehmen,
50 g Puderzucker	mit
1 gestr. EL Speisestärke	mischen, über die Eischaummasse sieben. Vorsichtig mit einem Löffel vermengen. Diese Masse mit einem Spritzbeutel auf den Eisberg verteilen, so daß vom Inneren nichts mehr zu sehen ist. Oben in die Mitte eine kleine Vertiefung drücken, da hinein ein Schälchen, das aus Alufolie gefalzt wurde, drücken. Nehmen Sie dafür ein umgekehrtes kleines Glas zur Hilfe. Den Eisberg ganz dünn mit
Zucker	besieben.
	Auf den Rost in den stark vorgeheizten Backofen für kurze Zeit schieben. Keine Sorge, das Eis schmilzt nicht.
	Einen Wattebausch mit etwas
Rum (56%)	tränken, in das silberne Förmchen legen und anzünden. Den brennenden Vulkan im abgedunkelten Raum auftragen.
	Elektro 225 °C
	Gas Stufe 4, zweite Schiene von unten
	Backzeit 5 Minuten

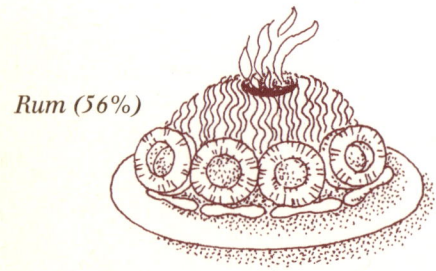

Der angemessenste Tag, diese Delikatesse zu zelebrieren, ist gewißlich der 23. August, denn auf dieses Datum fallen die Vulcanalia, die Festlichkeiten, mit denen im Altertum der Gott des Feuers und der Künste, der feuerspeienden Berge geehrt wurde. Ein Freund der Hausfrauen war Vulkan schon immer, stellten sie doch sein Bild am Küchenherd auf, damit er das Herdfeuer bewache. Ein anderer heimlicher Grund dafür mag auch gewesen sein, daß dieser tüchtige Gott auch der Gemahl der Liebesgöttin Venus war und Vater des Bogenschützen Amor. Und welche antike Köchin hätte wohl nicht auf einen Schuß des Vulkan junior gewartet?

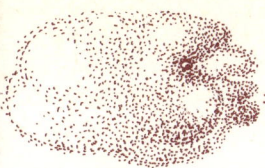

Windbeutel

¹/₁₀ l Wasser	mit
1 Prise Salz	und
50 g Margarine	im Stieltopf zum Kochen bringen.
60 g Mehl	sieben und unter heftigem Rühren auf einmal unter die kochende Flüssigkeit geben, zum Kloß abbrennen. Den Topf von der Kochstelle nehmen.
1 Ei	sogleich unterrühren, nach Erkalten noch
1 Ei	unterrühren. Der Teig soll glänzen und in Spitzen am Kochlöffel hängen, darf aber nicht fließen. Eventuell noch etwas zerschlagenes Ei beifügen.
	Mit einem Eßlöffel oder einem Spritzbeutel mit Sterntülle mandaringroße Häufchen in großen Abständen auf ein ungefettetes unbemehltes Blech setzen. Unmittelbar nach dem Backen mit der Schere horizontal aufschneiden. Nach dem Auskühlen die unteren Hälften mit
¼ l Sahne,	die mit
2 EL Zucker	und
1 Beutel Vanillinzucker	geschlagen wurde, bespritzen. Die oberen Hälften mit
Puderzucker	bestäuben, dann aufsetzen. Das luftige Kaffeegebäck soll möglichst bald verzehrt werden.
Elektro 220 °C
Gas Stufe 3½, mittlere Schiene
Backzeit 20–25 Minuten

Wer beim Einschieben des Gebäcks eine Tasse heißes Wasser auf den Boden des Backofens gießt, darf sich auf besonders luftige Windbeutel freuen. Neugierige werden bestraft, darum keinesfalls während der ersten 15 Minuten den Backofen öffnen. Der Wind würde aus den Beuteln flüchten. Ungefüllte Windbeutel lassen sich hervorragend gefrieren und sind, wenn die Sahne nicht gesüßt wurde, auch für Diabetiker geeignet.

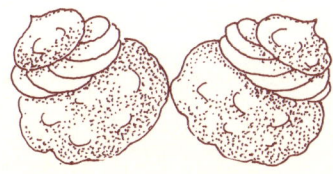

Windrädli

1 Packung Tiefkühlblätterteig
(300 g)

auftauen lassen und ca. 3 mm dick ausrollen. In Quadrate von etwa 5 cm Kantenlänge schneiden. Mit

1 Eigelb
2 EL Wasser

und
bepinseln.
Die Ecken jeweils diagonal fast bis zur Mitte einschneiden. Einen Teigzipfel von jeder Ecke zur Mitte schlagen. Mit

Haselnüssen
Walnußhälften
einigen TL Marmelade

oder
oder
in der Mitte garnieren.
Auf ein mit Wasser abgespültes Backblech legen, einige Male einstechen, dann backen.
Nach dem Backen nach Belieben zusätzlich mit Zuckerguß aus

125 g Puderzucker
2 EL Zitronensaft

und
bepinseln.
Elektro 220 °C
Gas Stufe 3½, mittlere Schiene
Backzeit 10–15 Minuten

Die Windrädli wurden nach dem Kinderspielzeug aus buntfarbigem Plastik benannt, welches traditionsgemäß auf Jahrmärkten und anläßlich von Volksfesten verkauft wird.

Bettelbrot

250 g Mandeln   schälen, mit
250 g Schokolade   fein reiben.
6 Eigelb   mit dem Elektroquirl zusammen mit
250 g feinem Zucker   sehr schaumig schlagen. Das
Mark ½ Vanilleschote   in die Mandel-Schokoladenmischung und
250 g Mehl   daraufgeben.
6 Eiweiß   zu steifem Schnee schlagen, auf die Teigmi-
                                  schung geben, dann alle Zutaten miteinander
                                  vorsichtig vermengen.
                                  In eine mit Blechreinpapier ausgekleidete Ka-
                                  stenform oder in eine am Boden gefettete
                                  Springform geben. Auf dem Rost abbacken und
                                  danach in kleinfingerdicke Scheiben
                                  schneiden.
                                  Elektro 200 °C
                                  Gas Stufe 3, unterste Schiene
                                  Backzeit 40 Minuten

Daß das Bettelbrot keine Arme-Leute-Speise ist, das beweist sein Gehalt. Und in der Tat
gehört es zu den Weihnachtsgebäcksorten, von denen die Reichen stets ein Viertel den
Armen, den Bettlern, schenken mußten, wie es die Kirche befahl.

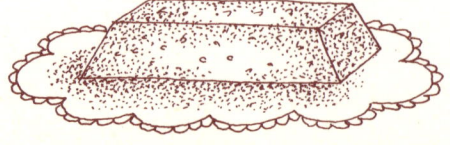

Florentiner

100 g Butter
50 g Honig,
150 g Zucker
⅛ l Sahne
30 g sehr fein gehacktes Orangeat,
180 g feinblättrige Mandeln,
feingeriebene Schale von ½ ungespritzten Zitrone
1 Msp. Salz

125 g Kuvertüre,

roten kandierten Kirschen

mit

und
etwa 5 Minuten unter Rühren kochen.

und
dazugeben.
Zwei Backbleche mit Blechreinpapier belegen,
in ziemlich großem Abstand jeweils einen ge-
häuften Eßlöffel vom Teig geben. Während des
Backens läuft der Teig breit auseinander. Nach
dem Backen vom Papier lösen. Die Unterseite
mit
die auf Wasserbad geschmolzen wurde, überziehen. Die Oberseiten mit halbierten
garnieren.
Elektro 200°C
Gas Stufe 3, zweite Schiene von oben
Backzeit ca. 15 Minuten.

Welche von den Hausfrauen, die heute Honig unter den Florentinerteig rühren, ahnt wohl, daß sie ehemalige Steuergelder verbackt? Honig war nicht nur gelb wie Gold, sondern auch fast so wertvoll wie das edle Metall, so daß sich Rom die Steuern der Bewohner Korsikas in 2 Millionen Pfund Honig zahlen ließ. Der »Honig ohne Bienen«, nämlich Rohrzucker, wurde im Jahre 327 v. Chr. zum ersten Mal von europäischen Kaufleuten aus Indien nach Europa eingeführt. Er war zeitweise kostspieliger als Gold.

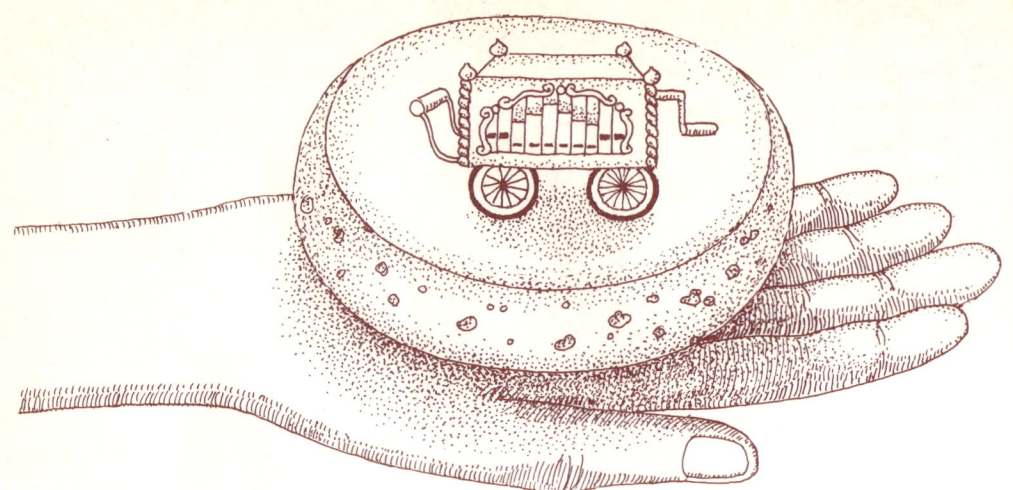

Handkäs mit Musik

2 Mainzer Käse	auf einem Holzbrett anrichten.
3 Zwiebeln	schälen und sehr fein hacken, mit
⅛ l Essig,	
4 EL Öl,	
Salz	und
reichlich frischgemahlenem weißen	
Pfeffer	zu einer scharfen Marinade verrühren. Die Soße nach Möglichkeit etwas durchziehen lassen. Mit
Pellkartoffeln	oder
Bauernbrot	und
Äppelwoi	als bäuerliches Essen auf den Tisch stellen.

Wer in Hessen zu Besuch ist, wird nicht drum herumkommen, die dortige Nationalspeise zu probieren. Der magere Sauermilchkäse, allgemein als *Mainzer Käse* bekannt, wird von den Einheimischen als Handkäs bezeichnet, die dazugehörende »Musik« wird vom Esser nach reichlichem Zwiebelgenuß produziert... In Frankfurt wird zum Äppelwoi in allen Kneipen diese Spezialität serviert. Im Rheingau ißt man immer Pellkartoffeln dazu, in Rheinhessen wird junger Weißwein dazu gereicht.

Kladderadatsch

500 g Mehl	in eine Schüssel sieben,
50 g Butter	schmelzen lassen und auf den Mehlrand verteilen.
¼ l kalte Milch	mit
1 Ei,	
30 g Hefe	und
1 gestr. TL Salz	verschlagen, zum Mehl geben. Alles zum Teig verkneten, mit Folie bedeckt über Nacht kühl stellen.
200 g Butter	mit
50 g Mehl	und
1 Eigelb	verkneten, zum Rechteck formen und in Pergament eingeschlagen ebenfalls kühlen. Den Hefeteig auf bemehlter Unterlage ausrollen, das Butterstück darauflegen, die Teigreste darüberschlagen. Nun den Teig etwa 6mal ausrollen und jeweils auf ein Drittel zusammenlegen. Zwischendurch gelegentlich wieder durchkühlen. Den Plunderteig zum großen Rechteck ausrollen, mit

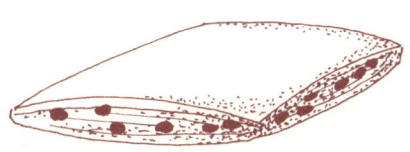

200 g Korinthen	bestreuen, doppelt zusammenschlagen und wiederum ausrollen. In Rechtecke zerschneiden, diese auf gefettete Backbleche legen. Nach dem Backen mit einem Guß aus
150 g Puderzucker	und
3 EL Maraschino	bepinseln.
	Elektro 220°C
	Gas Stufe 3½, zweite Schiene von oben
	Backzeit 20 Minuten

Mag Kladderadatsch allgemein eine unangenehme Sache sein, der wir gern aus dem Wege gehen, bei diesem sächsischen Plundergebäck wird dies bestimmt nicht der Fall sein.

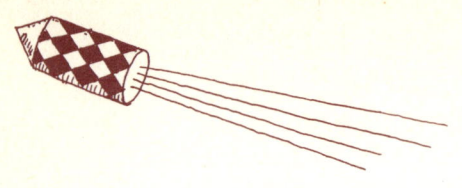

Krachtorte

250 g Zucker	mit
1 gestr. TL Zimt	und
knapp ¼ l Wasser	etwas einkochen lassen.
250 g geschälte, gestiftelte Mandeln	zufügen und alles so lange erhitzen, bis die Mandeln glänzend goldbraun werden.
	Eine altmodische Melonenform aus verzinktem Kupfer oder eine halbkugelförmige Porzellan-schüssel sorgfältig mit
Mandelöl	(gibt es in Apotheken zu kaufen) auspinseln. Die heiße Mandelmasse hineingeben und rasch mit Hilfe
1 Zitrone	sorgfältig in die Form drücken, ohne sich dabei die Finger zu verbrennen. Erkalten lassen.
¼ l Sahne	steif schlagen,
3 EL Zucker,	
2 EL Instantkaffee,	der in
2 EL Rum	aufgelöst wurde, und
4 EL Sahnesteifmittel	darunterschlagen. Diese Mokkasahne in die Krokantumhüllung füllen, dann den Kuchen auf eine Platte stürzen.

Für Krachtorten und Krachkuchen gibt es verschiedene Rezepte. Allen gemeinsam ist die großzügige Verwendung von Mandeln. Möglicherweise wurde dieses Gebäck ursprünglich aus den im Mittelmeerraum noch heute angebotenen Krachmandeln zubereitet, die ganz dünne, leicht zerbrechliche hellbraune und mit kleinen Löchern versehene Schalen haben.

Wer zur Krachtorte auch noch stilbewußt einen Krachmost trinkt, muß übermütig sein. Eine Tasse Kaffee empfiehlt sich viel eher dazu als dieser saure Wein aus dem Breisgau.

Liebesknochen

⅛ l Wasser,	
50 g Butter,	
1 Prise Salz	im Stieltopf zum Kochen bringen.
150 g Mehl	sieben und auf einmal unter heftigem Rühren in die kochende Flüssigkeit geben, zum Kloß abbrennen.
4 mittelgroße Eier	nach und nach unterrühren,
1 TL Backpulver	unter den erkalteten Teig geben. Er soll glänzende Spitzen haben, darf aber nicht fließen. Mit Hilfe eines Spritzbeutels etwa 3 cm breite und 10 cm lange Stangen, deren Enden etwas dicker sind, mit ziemlich großem Abstand auf ein ungefettetes unbemehltes Blech spritzen. Unmittelbar nach dem Backen horizontal mit dem Messer aufschneiden.
200 g Puderzucker,	
1 EL Instantkaffee	mit
2–3 EL Wasser	zum Guß verrühren und die Oberhälfte der Liebesknochen damit überziehen.
½ l Sahne	steif schlagen, mit
2 EL Zucker	und
1 EL Instantkaffee	oder
2 Beutel Vanillinzucker	abschmecken.

Mit Hilfe eines Spritzbeutels auf die unteren Hälften der Liebesknochen verteilen. Dann die Deckel aufsetzen. Möglichst unmittelbar nach der Fertigstellung auf den Kaffeetisch stellen.
Elektro 220 °C
Gas Stufe 3½, mittlere Schiene
Backzeit 25 Minuten

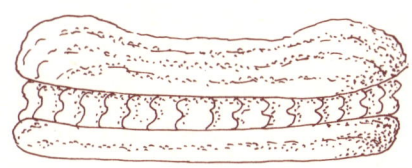

Ein mittelalterlicher Bäcker hätte mit Liebesknochen seiner Kundschaft den fürchterlichsten Schrecken einjagen können. Denn der Knochen war dem Teufel vorbehalten, der darauf musizierte. Solche Ehrfurcht hatten bereits die Germanen vor dem Knochen, daß derjenige, der ihn zerbrach, mit schwerer Strafe belegt wurde. Vielleicht empfindet mancher das heute noch so, wenn er mit der Kuchengabel seinen Liebesknochen zerteilt und an die Kalorien der Sahnefüllung denkt.

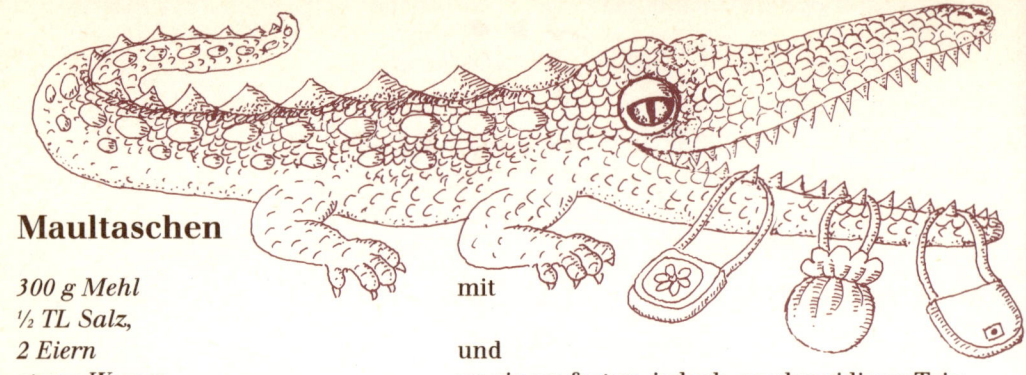

Maultaschen

300 g Mehl	mit
½ TL Salz,	
2 Eiern	und
etwas Wasser	zu einem festen, jedoch geschmeidigen Teig verkneten. Auf bemehlter Unterlage messer-rückendick ausrollen. Mit einem Teigrädchen in Quadraten von 6 cm Kantenlänge zerteilen. Jeweils einen Teelöffel der pikanten Füllung (s. unten) auf die Mitte geben, die Teigränder mit
Wasser	bepinseln. Zu Dreiecken zusammenschlagen, dabei die Ränder fest andrücken.
	In reichlich Salzwasser portionsweise in ca. 15 Minuten leise siedend garen.
1 große Zwiebel	schälen, würfeln, in
20 g Butter oder Margarine	goldbraun braten und über die Maultaschen geben.
	Für die Füllung
200 g gemischtes Hackfleisch	mit
2 EL feingehackter Zwiebel,	
2 EL feingehackter Petersilie oder	
Spinat,	
1 Ei,	
Salz und Pfeffer	gut vermengen.

Einem Schwaben, der seine Maultaschen mit Brühe oder Kartoffelsalat verzehrt, ist es kaum glaubhaft zu machen, daß dies nicht ein ursprünglich schwäbisches Gericht sei. Doch haben die Schwaben die Maultaschenherstellung von den Ravioliköchen Italiens abgeguckt und diese wiederum erlernten das Gericht zu Marco Polos Zeiten von den Chinesen.

Was dem einen ein Vergnügen, ist dem andern ein Kummer. So ist das auch mit den Maultaschen. Anders als bei schwäbischen Gourmets sind sie wohl von der Gräfin Margarethe von Tirol, die von 1316 bis 1366 gelebt hat, verflucht worden. Ihr Gesicht auf Porträts belegt es nur zu deutlich, warum sie in die Geschichtsbücher unter dem Namen Margarethe Maultasch eingegangen ist. Die These, daß ihr Beiname von ihrem Geburtsschloß Maultasch bei Terlan herrührt, ist angesichts von Margarethes einmaliger Physiognomie eher unwahrscheinlich. Auch sonst hatte diese Gräfin viel Pech: ihr Gatte wurde in den Bann getan, weil er ein Verwandter dritten Grades war, außerdem war sie noch gar nicht von ihrer ersten Ehe geschieden. Ihr Land Tirol verlor sie an Österreich. Sie starb in Wien.

Puffer

3 Eier	mit
1 TL Salz	in einer Schüssel verschlagen.
6–8 Kartoffeln	und
1 Zwiebel	schälen. Teils mit der feinen, teils mit der groben Rohkostreibe in die zerschlagenen Eier reiben. Sogleich vermischen und schnell Puffer daraus backen. Dafür
Öl oder Plattenfett	in einer kunststoffbeschichteten Pfanne erhitzen. Für jeden Puffer 2–3 EL der Masse halbfingerdick in die Pfanne geben. Bei ziemlich starker Hitze von beiden Seiten knusprig goldbraun braten.

Puffer, sie werden auch *Kartoffelpuffer, Reibekuchen* oder *Reiberdatschi* genannt, sind seit den Zeiten Friedrichs des Großen ein echt deutsches Nationalgericht. Je nach Region werden sie mit Apfelkompott oder -mus, grobem Zucker, Rübensirup, Apfelkraut, aber auch mit Kopfsalat oder Sauerkraut gegessen.
In Franken nennt man die Puffer *Brenner, Backes* oder *Backesle* und ißt Kartoffelsuppe dazu. Die Bayern bevorzugen Sauerkraut als Beilage. In Böhmen hingegen werden Puffer mit knusprigen Speckwürfeln gebraten. Im Spätsommer gibt man auf die Puffer entsteinte Zwetschgen, legt einen Deckel auf die Pfanne und läßt sie langsam garen, so daß auch die Pflaumen gebacken werden.

Schillerlocken

300 g Tiefkühlblätterteig

auftauen lassen, auf bemehlter Unterlage zu einem langen Rechteck ausrollen. In lange Streifen von ca. 2 cm Breite schneiden. Spitzkegelig geformte Schillerlocken-Spezialformen aus Weißblech mit kaltem Wasser abspülen. Die Teigstreifen vom spitzen Ende her beginnend spiralförmig locker außen um die Form wikkeln, so daß der neue Teigstreifen den vorhergehenden gerade eben überdeckt. Etwas andrücken. Mit zerschlagenem

Eigelb

bepinseln. Flach liegend auf einem mit Wasser benetzten Backblech abbacken. Noch heiß von den Formen lösen und erkaltet mit Hilfe eines Spritzbeutels mit

½ l Sahne,
2 EL Zucker
1 Beutel Vanillinzucker

die mit
und
abgeschmeckt wurde, füllen.
Elektro 220 °C
Gas Stufe 3½, zweite Schiene von oben
Backzeit 17 Minuten

Dieses beliebte Blätterteiggebäck verdankt seinen Namen der anmutigen Haarpracht, die zur Zeit des berühmten Poeten in Deutschland Mode war.

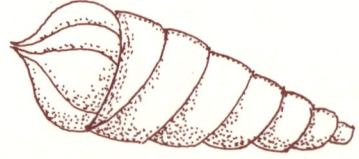

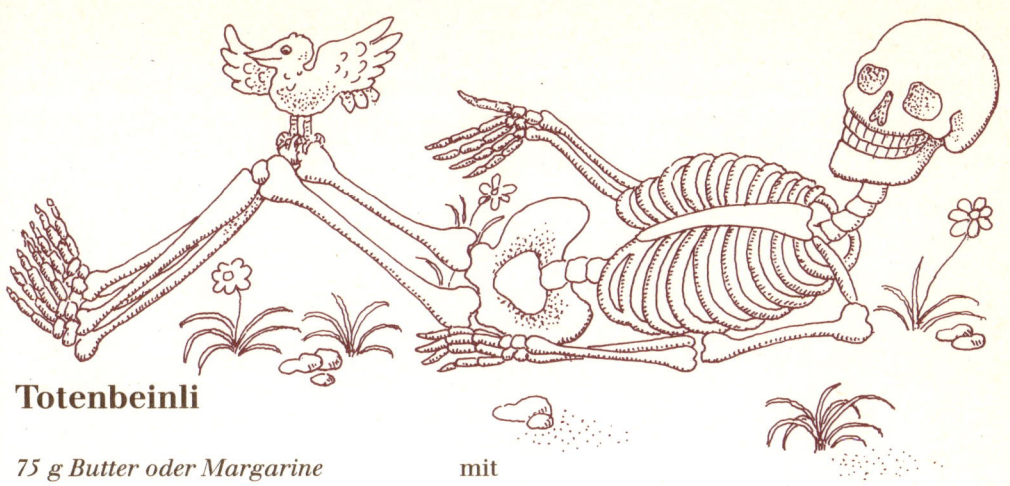

Totenbeinli

75 g Butter oder Margarine *2 Eiern,* *200 g Zucker,* *feingeriebener Schale von ½ unge-* *spritzten Zitrone,* *1 gestr. TL Zimt,* *1 Msp. Piment,* *1 Prise Salz*	mit mit dem Elektroquirl schaumig rühren.
250 g Haselnüsse	auf dem Backblech so lange im Backofen rö- sten, bis sich die braunen Häutchen lösen. Ein Drittel der Nüsse fein mahlen, den Rest grob hacken. Mit
250 g Mehl	unter den Teig kneten. Nach 30-minütiger Kühlzeit 1 cm dick auf bemehlter Unterlage ausrollen. In fingerlange Stangen schneiden, auf ein Backblech legen und mit
Eiweiß	bepinseln. Elektro 200 °C Gas Stufe 3, oberste Schiene Backzeit 18 Minuten

So süß dieses Schweizer Gebäck auch sein mag, es hat einen düsteren Hintergrund. Nicht nur in der Schweiz brachte man zu Allerseelen die Kuchenteigreste in die Kirche und legte sie als Totenopfer auf den Altar. Auch in England gab es diese Sitte. Der Kuchen heißt dort *Soulcake,* in Bonneval in Frankreich ganz ähnlich *Pain des Morts.*

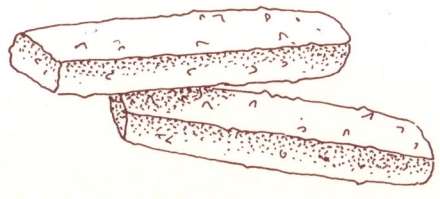

Koch dem Manne gutes Essen, dann wird er manches Leid vergessen

Mit Speck fängt man Mäuse

Eigner Herd ist Goldes wert

Verschlungene Gedanken

80 g Butter oder Margarine	mit
60 g Zucker,	
1 Beutel Vanillinzucker,	
2 Eiern	und
¹/₈ l saurer Sahne	mit dem Elektroquirl schaumig rühren.
375 g Mehl	mit
1 gestr. TL Backpulver	vermischen, sieben und unter die Eimasse kneten. Den Teig gut kühlen, dann auf bemehlter Unterlage 5 mm dick ausrollen. Fingerbreite, 12 cm lange Streifen schneiden. Jeweils zwei Streifen spiralförmig locker umeinanderwickeln, die Enden festdrücken. Schwimmend in heißem
Fritierfett	goldbraun backen. Noch heiß mit
Zucker	bestreuen.

Wer auf die poetische Bezeichnung für dieses zarte Pfälzer Fastnachtsgebäck kam, hätte ein Denkmal verdient.

Übrigens: Wer heute zur Teigbereitung Margarine aus dem Kühlschrank nimmt, denkt wohl kaum jemals daran, daß dieser Butterersatz erst 1869 auf Drängen des Kaisers Napoleon II für die französische Armee erfunden wurde. Der Pariser Professor Méges-Mouriés benannte sie nach dem griechischen Wort für Perle, »margarita«.